RUHE

RUHE

50 ACHTSAMKEITS- UND ENTSPANNUNGSÜBUNGEN FÜR INNERE RUHE

DR. ARLENE K. UNGER

Librero

Titel der Originalausgabe: *Calm*

© 2018 Librero IBP (für die deutschsprachige Ausgabe)
Postbus 72, 5330 AB Kerkdriel, Niederlande

© 2015 Quantum Books Ltd

Herausgeber: Kerry Enzor
Redaktion und Design: Therefore Publishing Limited
(www.thereforepublishing.com)
Redakteurin: Philippa Davis
Produktion: Zarni Win

Übersetzung aus dem Englischen:
Daniela Kosic, Wien
Redaktion und Satz der deutschen Ausgabe: Print Company Verlagsges.m.b.H., Wien

Printed in China

ISBN: 978-94-6359-121-8

Hinweis
Weder Autorin noch Verlag übernehmen Verantwortung für eventuell aus der Anwendung der
Prinzipien und Techniken, die in diesem Buch vorgestellt werden, resultierende Schäden. Dieses
Buch eignet sich nicht zur Behandlung schwerwiegender gesundheitlicher Beschwerden. Wenden
Sie sich unbedingt an einen Arzt, wenn Sie sich in irgendeiner Weise unwohl fühlen oder sich über
Ihren Gesundheitszustand Sorgen machen.

INHALT

EINLEITUNG

Jeder wünscht sich Ruhe und Glückseligkeit, aber nur die wenigsten erreichen sie. Wir sind einfach nicht für das 21. Jahrhundert gerüstet. Es ist hektisch und man kommt nie zur Ruhe. Je mehr Stress wir haben, desto schwieriger wird es, sich ein Auszeiten zu nehmen und Orte der Ruhe zu finden, welche wichtig für unser Wohlbefinden sind.

Es muss jedoch nicht dabei bleiben. Es gibt Mittel gegen Unruhe und Anspannung im Leben und Möglichkeiten, den Stress zu überwinden und innere Ruhe zu finden. Dieses Buch zeigt sie Ihnen. Es enthält 50 verschiedene Visualisierungen und Übungen, durch welche Sie die Ruhe finden, nach der sich jeder sehnt.

Was ist Ruhe?
Ruhe ist ein Gemütszustand, bei dem wir geistig und körperlich in Frieden mit uns selbst sind, statt von Gefühlen der Wut oder Angst geleitet zu werden oder bei aufkommenden Problemen überzureagieren. Es bedeutet somit, die Beherrschung nicht zu verlieren, aber es ist noch viel mehr als das. Ruhe hilft uns, körperlich mit den Auslösern von täglichem Stress umzugehen, wodurch es die Gesundheit fördert.

Wieso körperlich? Weil ein friedvoller Geist die Freisetzung beruhigender Hormone stimuliert. Wenn wir ruhig sind, setzt unser Gehirn Endorphine (Glückshormone) frei, was wiederum den Cortisolspiegel (Stresshormon) im Körper senkt und zu einem Gefühl der Entspannung führt.

In stressigen Situationen können Entspannungstechniken angewendet werden und das Ziel ist, Ruhe zu einem Normalzustand zu machen. Das bedeutet nicht, ganz ohne Stress zu leben oder Probleme zu ignorieren, sondern Körper und Geist mit dem, was um uns herum geschieht, in Einklang zu bringen, ohne wie ein Schiff während eines starken Sturms hin- und hergeworfen zu werden. Ruhe bedeutet, ein Leben in Harmonie und Gleichgewicht zu führen.

Feinde der Ruhe

Wieso ist Ruhe so wichtig? Ist es nicht besser, ein wenig Aufregung im Leben zu haben? Sie müssen wissen, dass das Gegenteil von Ruhe nicht Aufregung, sondern Stress ist. Außerdem gibt es einen Unterschied zwischen leichtem Stress, der hilfreich sein kann, und großem Stress, der außer Kontrolle geraten ist. Stress ist nicht nur ein unangenehmes Gefühl, sondern auch extrem schädlich für die Gesundheit und das Wohlbefinden.

Der Körper reagiert auf chronische Stressbelastung so, dass er die Sauerstoffaufnahme, den Herzschlag sowie die Muskelspannung erhöht. Der Grund dafür ist ein alter evolutionärer Reflex, welcher den Körper auf Kampf oder Flucht vorbereiten soll. In der heutigen Zeit wird diese Reaktion auf Stress nicht von einer erhöhten Körperreaktion begleitet, die sie ursprünglich ermöglichen sollte. Der Körper wird mit Hormonen überschüttet, was das Nervensystem und das Immunsystem strapaziert. Chronischer Stress führt zu einer Reihe an psychischen und physischen Krankheiten, von Schlafstörung und Herzkrankheiten bis hin zu Angststörungen und Depression. Dieses Buch basiert auf drei Therapiemethoden, mithilfe derer Stress bekämpft und Ruhe gefördert wird: emotionales Gehirntraining, Kognitive Verhaltenstherapie und Achtsamkeitsbasierte Stressreduktion.

Wann Hilfe nötig ist

Meist können wir uns bei Stress selbst helfen, indem wir die Methoden anwenden, die in diesem Buch vorgestellt werden. Wenn die emotionalen Probleme jedoch anhalten, oder diese den Alltag, Beziehungen oder die Arbeit beeinflussen, sollte die Hilfe eines Arztes oder eines professionellen Therapeuten in Anspruch genommen werden.

10 VORTEILE VON RUHE

Macht Sie glücklicher

Fördert die Gesundheit und gibt Energie

Schärft den Sinn und die Konzentration

Inspiriert Sie dazu, kreativ zu sein
und Sachen zu genießen

Stärkt das Einfühlungsvermögen

Verlangsamt den Alterungsprozess

Hilft Ihnen, sich selbst wiederzufinden und eine
bessere Beziehungen zu anderen aufzubauen

Hilft Ihnen zu entspannen, loszulassen und sich zu regenerieren

Macht es leichter, Hoffnung zu finden, zu
vergeben und Leidenschaft zu empfinden

Erlaubt Ihnen mehr Zeit für Dinge zu haben,
die Ihnen wichtig sind

Emotionales Gehirntraining

Bei dieser Therapieform werden Körper und Geist
verändert, um Stressreaktionen entgegenzuwirken,
welche die innere Ruhe stören. Die Methoden eines
solchen Trainings hängen vom Gemütszustand ab,
den die Patienten angeben. Dieser reicht von „sehr
entspannt" (Stufe eins) bis zu „äußerst angespannt"
(Stufe fünf). Die Patienten sollen sich außerdem sechs
„Fähigkeiten" aneignen. Dazu gehört, sich „Grenzen
zu setzen" und „emotionalen Ballast abzuwerfen"
(negative Gefühle und Vergangenes vergessen).

Kognitive Verhaltenstherapie

Diese Therapie beruht auf der Annahme, dass unsere
Gedanken, und nicht äußere Einflüsse, die Basis unse-
res Handelns und unserer Gefühle bilden. Statt zu versuchen, die Menschen und andere Einflüsse um einen
herum zu ändern, soll das eigene Handeln durch eine
Umstrukturierung des Denkens verändert werden.
Patienten lernen in der Kognitiven Verhaltenstherapie, dass jeder Gedanke nur eine Hypothese ist, die
hinterfragt werden kann. Haben sie das erst einmal
erkannt, können negative Reaktionen und schädliches
Verhalten durch Methoden, wie beispielsweise das
Führen von Tagebüchern und Listen, Ablenkung und
Visualisierung, verändert werden.

Achtsamkeitsbasierte Stressreduktion

Nicht-spirituelle Meditation und Lehren aus dem Yoga
bilden die Basis dieser Therapie. Achtsamkeit hilft dabei, Stress zu bewältigen, indem man ohne zu urteilen
auf Atmung, Gefühle, Gedanken, Körperempfindun-
gen und die Umgebung achtet. Ein wichtiges Konzept
ist „im Moment zu leben". Das bedeutet einfach,
sich nicht von der Vergangenheit (die nicht geändert

werden kann) oder der Zukunft (welche erst geschehen wird) beunruhigen zu lassen. Es zählt einzig das Hier und Jetzt und wenn Sie sich darauf konzentrieren, werden Sie Zukunftsängste und das, was Sie an der Vergangenheit bereuen, vergessen.

Dieses Buch zeigt Ihnen, wie Sie mit diesen drei Methoden mehr Ruhe in Ihr Leben bringen können. Keine der Übungen braucht länger als fünf Minuten, aber wenn man sie regelmäßig macht, können sie den Gemütszustand verändern und Ihnen helfen, ein größeres Gefühl des Wohlbefindens und der Ruhe zu finden.

Unten: Durch Visualisierung und andere Strategien können wir unsere Perspektive ändern und Stress und Angst bewältigen.

Ein Tag
im Leben

Ein wenig Stress kann gut tun. Der Körper ist dafür gemacht, mit einer bestimmten Menge davon umzugehen. Außerdem erhöht er die Konzentration und Motivation. Zu viel oder andauernder Stress kann jedoch unglücklich machen und uns unserer Ruhe berauben. Es ist ein immer größer werdendes Problem. Nahezu 50% der Erwachsenen geben an, sich jeden Tag gestresst zu fühlen und einige von ihnen versuchen den Stress auf ungesunde Weise abzubauen, beispielsweise mit Alkohol. Das ist jedoch nicht hilfreich und kann den Schaden noch vergrößern.

Es gibt bessere Methoden, mit alltäglichem Stress umzugehen. Man kann lernen, aufkommenden Stress abzubauen und Wege finden, Geist und Körper aus dem negativen Stresskreislauf zu befreien, damit sie sich vollkommen entspannen können. Das folgende Kapitel zeigt Ihnen einfache Strategien, die dabei helfen, mehr Ruhe in die morgendliche Routine zu bringen.

SONNENSCHEIN

Mit dieser Sonnenschein-Visualisierung können Sie positiv in den Tag starten. Sonnenlicht beruhigt den Geist auf natürliche Weise, da es den Spiegel des stimmungshebenden Hormons Serotonin im Körper steigen lässt. Paradoxerweise können mindestens zwei Stunden in der Morgensonne zu einem besseren Schlaf in der Nacht verhelfen, was ebenfalls positiv auf das Gemüt wirkt.

1 Wenn Sie am Morgen aufwachen, bleiben Sie kurz ruhig liegen. Atmen Sie ein und achten Sie genau darauf, wie gut es sich anfühlt, all diese Luft in den Lungen zu halten. Nun atmen Sie langsam aus und stellen sich vor, Sie atmen einen goldenen Lichtstrahl aus (das fällt mit geschlossenen Augen leichter).

2 Während Sie weiteratmen, stellen Sie sich vor, dass der Lichtstrahl immer größer wird, bis er Ihren ganzen Körper umgibt und schließlich den gesamten Raum erfüllt.

3 Genießen Sie das beschwingende und beruhigen-de Gefühl, im Licht zu baden. Dann öffnen Sie Ihre Augen und stehen langsam auf. Versuchen Sie, so viel Licht wie möglich in Ihren Tag mitzunehmen.

WANN AM BESTEN

Machen Sie diese Übung jeden Morgen fünf Minuten lang. Mit einem geistigen Bild von Sonnenlicht aufzuwachen bereitet Sie darauf vor, während des Tages natürliches Sonnen-licht aufzunehmen.

02 LUFTBALLONS

Wenn wir am Schreibtisch sitzen oder draußen spazieren gehen, sind wir mit unseren Gedanken oft weit weg – Erinnerungen, Sorgen, Reue, Vorfreude. Zahllose Studien zeigen, dass die Konzentration auf den gegenwärtigen Moment zu einem Gefühl der Ruhe und Kontrolle verhilft. Die folgende Atemübung hilft dabei, jederzeit in das Hier und Jetzt zurückzukehren.

1 Setzen Sie sich aufrecht auf einen Stuhl und stellen Sie beide Beine auf den Boden.

2 Schließen Sie Ihre Augen, atmen Sie tief ein und halten Sie den Atem an. Legen Sie beide Hände auf Ihre Brust und stellen Sie sich vor, Ihre Lungen sind bunte Ballons.

3 Atmen Sie langsam aus und stellen Sie sich vor, dass Luft aus den Ballons entweicht und sie beim Einatmen wieder aufgeblasen werden.

4 Füllen und leeren Sie die Ballons immer weiter und achten Sie dabei auf das Gefühl von Ausweitung und Einengung, bis Sie sich entspannt fühlen. Stellen Sie sich immer die Luftballons vor, wenn Sie wieder einmal mit den Gedanken abschweifen.

WANN AM BESTEN

Machen Sie diese einminütige Atemübung einmal am Morgen und einmal am Abend. Mit der Zeit wird es Ihnen leicht fallen, diese Übung für 5, 10 Minuten oder länger zu machen.

03 TIERISCHER BEGLEITER

Wenn Sie oft selbstkritisch sind, kann die folgende Visualisierung Ihnen dabei helfen, sich selbst gegenüber freundlicher zu sein. Im Emotionalen Gehirntraining lernt man, sich eine positive innere Stimme anzueignen. Die Idee dahinter ist, dass sich jeder selbst bestärken kann. Dies ist wichtig, um innere Ruhe zu erreichen.

1 Stellen Sie sich vor, ein süßes Haustier würde Sie Tag und Nacht begleiten. Das kann ein Hund, eine Katze oder irgendein anderes Tier sein, das Sie mögen (natürlich kann es auch Ihr eigenes Haustier sein, wenn Sie eines haben). Wichtig ist nur, dass dieses Tier Sie liebt.

2 Wenn Ihr Haustier auf Sie hört, dann loben Sie es großzügig. Wenn nicht, dann weisen Sie es mit kräftiger, aber dennoch liebevoller Stimme zurecht.

3 Bevor Sie die Augen öffnen, nehmen Sie sich vor, von nun an mit sich selbst auf die gleiche Weise zu reden, wie mit Ihrem imaginären Haustier.

WANN AM BESTEN

Diese Übung können Sie morgens fünf Minuten lang machen. Indem Sie sich vorstellen, Sie sprechen mit ihrem tierischen Begleiter, eignen Sie sich eine positive innere Stimme an.

DEN KAFFEE RIECHEN

Die folgende Achtsamkeitsübung soll die Augen – und alle anderen Sinne – für die Freuden des alltäglichen Lebens öffnen. Es kann keine innere Ruhe einkehren, wenn man von einem Ort zu nächsten eilt. Sich täglich eine kurze Auszeit zu nehmen, um die kleinen Dinge wertzuschätzen, schafft ein allumfassendes Gefühl der Ruhe.

1 Machen Sie auf einem Blatt Papier eine Liste aller fünf Sinne: Sehen, Riechen, Schmecken, Hören und Fühlen. Lassen Sie nach jedem der Sinne ein wenig Platz frei.

2 Nehmen Sie die Liste mit, wenn Sie das Haus verlassen. Versuchen Sie mit jedem einzelnen Sinn einen interessanten Reiz wahrzunehmen: den Geruch von Kaffee, wenn Sie an einem Kaffeehaus vorbeigehen, die Farbe einer Haustür, die kühle Oberfläche eines Treppengeländers, den Geschmack eines Kaugummis oder den Klang von Vogelgezwitscher.

3 Bleiben Sie solange aufmerksam, bis Sie zu jedem der Sinne etwas notiert haben und sagen können, dass jeder Ihrer Sinne etwas wahrgenommen hat. Versuchen Sie dieses Gefühl des bewussten Wahrnehmens den restlichen Tag beizubehalten.

4 Sie können Ihre Beobachtungen in einem kleinen Notizbuch festhalten. Es wird Sie vielleicht überraschen, wie unterhaltsam diese Aufgabe ist und wie interessant es ist, sich alte Einträge durchzulesen.

WANN AM BESTEN

Diese Übung ist ideal, um sie auf dem täglichen Weg zur Arbeit zu machen. So wird etwas Bekanntes und Alltägliches, dem Sie sonst keine große Beachtung schenken, zu einer belebenden und erfüllenden Erfahrung.

05 MIT MÖNCHEN FAHREN

Wenn Sie wie auf Autopilot fahren und sich oft über andere Autofahrer ärgern, sollten Sie die folgende Übung ausprobieren. Autofahren kann das Gleichgewicht stören: Staus, Drängler und Raser wühlen uns auf und lenken uns von der Straße ab. Aufmerksames Fahren bedeutet, auf die eigene Fahrweise, die Straßenverhältnisse und das Fahrverhalten anderer zu achten, ohne sich aus der Fassung bringen zu lassen.

1 Wenn Sie sich ans Lenkrad setzen, schließen Sie die Augen und atmen drei Mal ein, bevor Sie das Auto starten. Stellen Sie sich vor, ein freundlicher Mönch sitzt auf dem Beifahrersitz.

2 Nehmen Sie sich ein Vorbild an Ihrem Beifahrer und bereiten Sie sich langsam und gewissenhaft auf die Fahrt vor. Sie öffnen die Augen, schnallen sich an, kontrollieren die Spiegel, starten den Motor, lösen die Handbremse und fahren los. Ihr Geist ist ruhig, aber all Ihre Aufmerksamkeit ist auf die Fahrt gelenkt.

3 Wenn während der Fahrt etwas Ihren Frieden stört, stellen Sie sich die Stimme des Mönchs vor, die sagt: „Nur langsam. Die Reise ist genauso wichtig wie das Ziel. Du kannst die Fahrt ebenso gut genießen".

WANN AM BESTEN

Machen Sie diese Übung jedes Mal, wenn Sie in Ihr Auto steigen. Mit einem ruhigen Geist fahren Sie vorsichtiger und kommen entspannt an ihrem Ziel an.

WAS HILFT

Nutzen Sie die Wartezeit an roten Ampeln für ein kurze Pause. Atmen Sie ein und aus und entspannen Sie Kiefer, Schultern und andere angespannte Körperregionen.

NOTIZ AN MICH SELBST

Ich begrüße meine innere Freude

06 LACHANFALL

Bei Stress verliert man oft den Sinn für Humor. Es ist jedoch bekannt, dass Lachen gesund ist. Es reduziert das Stresshormon Cortisol und lässt Endorphine frei, die ein Gefühl von Ruhe und Glückseligkeit auslösen. Im Emotionalen Gehirntraining wird die Fähigkeit, sich selbst zum Lachen zu bringen, verwendet, um innere Freude zu finden. Die folgende Übung hilft Ihnen, Ihre eigene Freude wiederzufinden.

1 Anfangen zu lachen ist wie ein Feuer anzuzünden. Man braucht etwas, um es zu entfachen, doch danach brennt es von selbst weiter. Versuchen Sie, an das Lustigste zu denken, das Ihnen je passiert ist, an eine Situation, die Sie immer zum Lächeln bringt.

2 Nun täuschen Sie einen Lachanfall vor, als würden Sie schauspielern. Halten Sie sich nicht zurück (machen Sie das lieber nicht in der Öffentlichkeit). Geben Sie sich dem Lachen hin und denken Sie dabei an die lustige Situation. Brüllen Sie vor Lachen.

3 Sie werden merken, dass das vorgetäuschte Lachen schließlich zu einem richtigen Lachen wird. Hören Sie nicht auf, wenn es so weit ist. Lachen Sie, bis Ihnen die Tränen kommen. Danach werden Sie sich viel besser fühlen.

WANN AM BESTEN

Lachen Sie jeden Morgen. Es fällt Ihnen vielleicht leichter, wenn Sie sich dabei im Spiegel ansehen. Lachen ist ansteckend, also versuchen Sie die Übung zusammen mit einer anderen Person zu machen.

07 HAUSARBEIT LIEBEN

Mit dieser Übung wird selbst die langweiligste Hausarbeit zu einer meditativen Erfahrung, die Wohlbefinden und ein Gefühl der Ruhe auslöst. Die Botschaft dieses Buches ist, dass das Leben erfüllter und ruhiger ist, wenn man im Moment lebt, anstatt sich zu wünschen, dass er vorbei ist oder von Gedanken über die Vergangenheit oder Zukunft abgelenkt zu werden.

1 Beginnen Sie mit einer gewöhnlichen Hausarbeit. Falten Sie beispielsweise die Wäsche, gießen Sie die Blumen oder räumen Sie den Geschirrspüler aus. Achten Sie dabei genau auf jeden einzelnen Schritt. Nehmen Sie Gerüche, Klänge und Bewegungen bewusst war. Was davon haben Sie noch nie zuvor bemerkt?

2 Konzentrieren Sie sich auf die sinnlichen Details: den Geruch frischer Wäsche, das sanfte Trommel des Trockners oder die Schönheit eines Tropfens auf der Pflanze, die Sie gießen.

3 Während Sie diese neuen Erfahrungen machen, werden Sie vielleicht merken, dass Ihre Gedanken geordneter, Ihre Sorgen geringer und Sie ruhiger sind als zuvor.

WANN AM BESTEN

Machen Sie diese Übung während einer täglichen Hausarbeit. Mit der Zeit werden Sie besser und der Entspannungseffekt stärker.

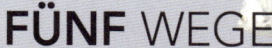

FÜNF WEGE
um Stress sofort abzubauen

Spazieren gehen.

Mit einem Freund oder
einer geliebten Person sprechen.

Etwas Positives und
Hoffnungsvolles visualisieren.

Musik hören
und tanzen.

Drei Mal tief ein-
und wieder ausatmen.

o8 DANKE SAGEN

An einem schlechten Tag kann die folgende Übung dabei helfen, sich abzulenken und ein starkes Gefühl der Dankbarkeit zu entfalten. Dankbarkeit entsteht nicht immer von selbst aber man kann sich antrainieren, sie zu fühlen. Dankbarkeit zu üben bedeutet, das Positive im Leben wertzuschätzen und mit dem zufrieden zu sein, was man hat.

1 Denken Sie an etwas Gutes, das Ihnen heute passiert ist. Das kann etwas Kleines sein, wie zum Beispiel eine warme Dusche, eine schöne Blumen im Garten oder die gute Beziehung, die Sie zu Ihren Kindern haben.

2 Schließen Sie die Augen und rufen Sie sich diese Dinge ins Gedächtnis. Stellen Sie sie sich so detailliert wie möglich vor und bedanken Sie sich leise dafür, dass Sie es erleben dürfen. Achten Sie auf jedes Gefühl der Dankbarkeit, das Sie empfinden.

3 Konzentrieren Sie sich 30 Minuten lang auf diese Person oder dieses Objekt und fühlen Sie sich dankbar, während Sie ruhig ein- und ausatmen.

WANN AM BESTEN

Diese Übung können Sie zu jeder beliebigen Tageszeit oder am Abend machen, wenn Sie von der Arbeit nach Hause kommen. Egal wie anstrengend der Tag war, es wird immer etwas geben, für das Sie dankbar sein können.

09   TÄGLICH ÜBEN

Unproduktive Gewohnheiten lassen sich nicht sofort durch produktive ersetzen. Es geschieht nicht über Nacht und es ist auch kein reibungsloser Prozess. Innere Ruhe muss über längere Zeit aufgebaut und gelernt werden, wie eine Sprache oder ein Musikinstrument. Im Folgenden werden 6 Gewohnheiten vorgestellt, welche Sie in Ihr Leben integrieren können.

1 Nehmen Sie sich jeden Tag Zeit, um zu beobachten, wie ruhig Ihr Leben, Ihr Körper und Ihr Geist ist. Statt negative Gefühle zu leugnen oder zu verurteilen, fragen Sie sich, wie Sie diese Gefühle ändern können.

2 Achten Sie darauf, was an Ihrem Leben zieht und zerrt. Was muss gehen und was kann bleiben? Was können Sie tun, um etwas zu ändern?

3 Strukturieren Sie Ihren Tagesablauf so, dass Sie Zeit für entspannende Aktivitäten haben. Fragen Sie sich, was früher funktioniert hat und was nicht.

4 Fragen Sie sich, was von dem, dass Sie tun und sagen, Ihnen schadet und Ihre innere Ruhe stört.

5 Ermutigen Sie sich selbst mit „positiven Selbstgesprächen", um schnell wieder zu sammeln, wenn Sie überfordert sind und die Beherrschung verlieren. Auf sich selbst wütend zu werden hilft dabei nicht.

6 Suchen Sie Unterstützung. Jeder braucht Personen, die einen motivieren und unterstützen, wenn Hindernisse auftreten. Suchen Sie Hilfe bei einem Experten, wenn emotionale Probleme häufig Ihr inneres Gleichgewicht stören.

WANN AM BESTEN

Befolgen Sie diese Schritte so oft wie möglich. Es hilft, sich jeden Abend hinzusetzen und über den Tag nachzudenken. Handelten Sie so, wie sie es sich vorgenommen hatten, oder ließen Sie sich von Ihren negativen Gefühlen leiten?

AUSMALEN

Ausmalbücher für Erwachsene sind sehr beliebt, da sie Spaß machen und entspannend sind. Beim Ausmalen konzentriert man sich voll und ganz auf das, was man tut und der Geist kann sich von immer wiederkehrenden negativen Gedanken befreien. Die folgende Übung ist ein guter Anfang.

WANN AM BESTEN

Wann immer Sie möchten. Ausmalen ist ein unterhaltsames Hobby und kann dabei helfen, Angst und Stress zu bewältigen. Es ist ein guter Zeitvertreib am Abend, um den Geist zu beruhigen und entspannt schlafen zu gehen.

1 Suchen Sie sich einen ruhigen und gemütlichen Ort zum Malen und holen Sie all Ihre Buntstifte.

2 Malen Sie das folgende Bild aus. Sie können eine Kopie verwenden oder direkt im Buch ausmalen (legen Sie ein Blatt Papier unter die Buchseite, wenn Sie Filzstifte verwenden, damit die Farbe nicht durchschlägt).

3 Malen Sie in Ihrem eigenen Tempo. Hetzen Sie nicht und denken Sie nicht, Sie müssten alles auf einmal fertig ausmalen. Viele Künstler brauchen mehrere Tage, um ein Bild fertigzustellen.

Umblättern: Versuchen Sie die Ausmalübung auf der nächsten Seite

Selbstliebe

Einer der einfachsten Wege zu mehr Ruhe und Glückseligkeit ist, gut zu sich selbst zu sein. Sowohl Emotionales Gehirntraining als auch Kognitive Verhaltenstherapie fördern einen gesunden Lebensstil, da der erste Schritt zu mehr Ruhe die Befriedigung der eigenen körperlichen Bedürfnisse ist. Doch je größer der Stress ist, desto schwieriger wird es, Zeit für Essen, Sport und genügend Schlaf zu finden.

Ein gesunder Lebensstil bedeutet nicht, bis zur Erschöpfung zu trainieren oder eine Rohkost-Diät zu halten, sondern auf die Bedürfnisse des eigenen Körpers zu achten und schlechte Angewohnheiten durch gute zu ersetzen. Es ist bewiesen, dass gesunde Ernährung und Sport die Stimmung heben und Stress reduzieren. Das folgende Kapitel zeigt Ihnen unterschiedliche Techniken, die dabei helfen, eine gesunde Einstellung zum Essen zu entwickeln, die Abneigung gegenüber Sport zu überwinden und sich selbst zu lieben.

11 ACHTSAM ESSEN

Wenn Sie oft im Gehen oder vor dem Fernseher essen, sollten Sie die folgende Übung ausprobieren. Achtsam zu essen bedeutet, darauf zu achten, wie und was man ist, während man jeden Moment dieser Erfahrung auskostet. Werden Mahlzeiten achtsam eingenommen, ist der Genuss und die Ruhe größer. So kann die eigene Einstellung zum Essen geändert werden, welche häufig ein Auslöser von Stress ist.

1 Legen Sie eine saftige Orange vor sich hin. Konzentrieren Sie sich ungefähr eine Minute lang auf Ihre Atmung. Sobald Sie sich entspannt fühlen, betrachten Sie die Orange eingehend. Schauen Sie die wohlriechende Frucht an, als hätten Sie noch nie etwas dergleichen gesehen. Achten Sie auf die leuchtende Farbe, die Oberfläche der Schale und die Form der Orange.

2 Riechen Sie an der Schale. Suchen Sie die beste Stelle, um mit dem Schälen zu beginnen und schälen Sie die Orange dann langsam, Stück für Stück.

3 Zertrennen Sie dann die einzelnen Stücke der geschälten Orange. Achten Sie darauf, wie sie sich anfühlen, wie sie aussehen und riechen.

4 Nehmen Sie ein Stück in den Mund, doch statt es zu zerbeißen und gleich zu schlucken, fühlen Sie es einen Moment mit der Zunge.

5 Fühlen Sie Oberfläche und durchstechen Sie sie leicht mit der Zunge. Achten Sie darauf, wie der Saft herausspritzt und wie er schmeckt. Dann schlucken Sie langsam nur den Saft und lassen den Rest des Orangenstücks in Ihrem Mund.

WANN AM BESTEN

Machen Sie die Übung einmal täglich. Durch achtsames Essen kann Übergewicht und Esssucht vermieden werden. Man achtet mehr auf die Größe der Portionen und isst langsamer, sodass man merkt, wann man satt ist.

6 Kauen Sie das Orangenstück nun langsam. Nehmen Sie den Geschmack mit der Zunge war und wie er sich mit der Zeit verändert.

7 Schlucken Sie den Rest der Orange und achten Sie darauf, wie es sich Ihre Kehle hinunter bewegt und der Geschmack im Mund bleibt. Essen Sie nun das nächste Stück auf dieselbe Art. Es ist nicht schlimm, wenn Sie sich plötzlich in Ihren Gedanken verlieren. Richten Sie Ihre Aufmerksamkeit dann einfach wieder auf die Sinneseindrücke im Mund.

8 Versuchen Sie, die restliche Orange mit derselben Konzentration zu essen. Denken Sie nach der Übung darüber nach, wie Sie sich dabei fühlten. Waren Sie ungeduldig oder genossen Sie es?

9 Erinnern Sie sich an diese Übung, wenn Sie das nächste Mal essen und versuchen Sie, Ihre Mahlzeit achtsam einzunehmen. Es hilft, ein paar Mal tief einzuatmen, bevor Sie beginnen. Sie können diese Übung auch mit einem anderen Lebensmittel ausprobieren, zum Beispiel mit Schokolade oder einem Glas Wein.

WAS HILFT

Gewöhnen Sie sich an, am Tisch, statt im Gehen oder auf dem Sofa zu essen. Es hilft Ihnen, ein kurzes Ritual zu haben, das Sie vor dem Essen durchführen. Sie können beispielsweise ein Gebet aufsagen oder zwei Mal tief einatmen, um mental anzukommen.

NOTIZ AN MICH SELBST

Ich
genieße
jeden
einzelnen
Bissen

12 MEHR LUST AUF SPORT

Sport kann entspannend sein, aber manchmal ist es das Letzte, wonach einem der Sinn steht, wenn man müde oder angespannt sind. Im Emotionalen Gehirntraining wird Unwille mit Inspiration und Freude bekämpft. Folgendes kann helfen, mehr Lust auf Sport zu bekommen.

1 Kaufen Sie sich passende Kleidung. Wenn Sie sich in Ihrer Sportbekleidung wohl fühlen, haben Sie mehr Lust, sich zu bewegen.

2 Stellen Sie sich eine eigene Playlist zusammen. Durch Ihre Lieblingsmusik wird das Training zu etwas, auf das Sie sich freuen.

3 Schließen Sie sich einer Gruppe an. Egal, ob Laufen, Kegeln, Schwimmen, Tanzen oder Wandern: mit Gleichgesinnten macht es mehr Spaß. Außerdem ist man mit einem Trainingspartner weniger dazu verleitet, zu Hause zu bleiben.

4 Setzen Sie sich ein Ziel. Versuchen Sie, an einem Marathon teilzunehmen oder 20 Bahnen zu schwimmen. Ein realistisches Ziel ist ein guter Motivator. Sie können anderen von Ihrem Vorhaben erzählen oder es auch für sich behalten.

WANN AM BESTEN

Versuchen Sie im kommenden Monat alles aus dieser Liste mindestens ein Mal zu machen. Sie werden merken, dass sich Ihre Einstellung zum Sport ändert und Sie ruhiger sind.

13 AUF EINER BANK SITZEN

Selbstverständlich braucht unser Geist von Zeit zu Zeit eine Pause. Hierfür geht man am besten ins Freie. Draußen Zeit zu verbringen beruhigt einen überanstrengten Geist und hilft, Trost in der Natur zu finden. Probieren Sie dafür die folgende Achtsamkeitsübung aus.

1 Suchen Sie einen ruhigen Ort, an dem Sie in sich gehen können. Es muss kein malerischer Strand oder Berggipfel sein. Eine Bank in einem Park oder in Ihrem eigenen Garten genügt.

2 Beobachten Sie Ihre Umgebung, während Sie sitzen. Achten Sie auf alles, was sich in Ihrem Blickfeld befindet: Pflanzen, Bäume, jede Bewegung, beispielsweise raschelnde Blätter, vorbeiziehende Wolken, Passanten, Vögel oder Insekten.

3 Konzentrieren Sie sich nun auf etwas sehr Kleines: die Holzmaserung der Bank, auf der Sie sitzen, einen Grashalm, einen Kieselstein. Betrachten Sie die Form, Farbe und Struktur ganz genau. Atmen Sie dann ein und aus und machen Sie sich bewusst, wie entspannend es ist, draußen zu sein.

WANN AM BESTEN

Machen Sie diese Übung jeden Tag 10 Minuten lang. Sie werden merken, wie viel Freiraum und die Stille Ihnen diese Übung bringt und sehen, dass es möglich ist, sich von der Hektik zu distanzieren. Betrachten Sie das Gesamtbild, schätzen Sie die kleinen Dinge und fühlen Sie die innere Ruhe.

Gibt es Dinge, die ich
im Moment
lieber tun würde?

*

Was hält mich davon ab,
die Dinge zu tun, die mir am
wichtigsten sind?

*

Welche Lebensbereiche
vernachlässige ich?

*

Gibt es Träume, die ich
nicht verwirklicht habe?
Wenn ja, welche?

SELBSTENTFALTUNG

Wie viel Zeit beanspruchen Sie täglich für sich? Wenn Ihre Antwort „nicht viel" oder „keine" ist, sollten Sie die folgende Übung ausprobieren. Hier werden Zeitplanung und Selbsteinschätzung, zwei Methoden aus der Kognitiven Verhaltenstherapie, angewendet, um Sie dazu zu motivieren, sich Zeit zur Selbstentfaltung zu nehmen. Zeit ist das wichtigste Geschenk, das wir uns auf unserer Suche nach innerem Frieden selbst machen können.

1 Verwenden Sie den Planer auf der nächsten Seite, um festzulegen, wie viel Zeit Sie in der kommenden Woche für was aufwenden möchten (Arbeit, Leute treffen, Essen, Hausarbeit, Familie, Freizeit). Schreiben Sie jede Aktivität in einer anderen Farbe.

2 Sehen Sie sich den Plan an. Spiegelt das, wofür Sie die meiste Zeit aufwenden, wirklich Ihre Wünsche wider? Berauben Sie sich Ihrer Freizeit, wenn Sie beispielsweise zu lange arbeiten, oder verbringen Sie Stunden vor dem Fernseher, wenn Sie stattdessen etwas Erfüllenderes machen könnten?

3 Wenn das der Fall ist, dann denken Sie kurz über die Fragen auf der gegenüberliegenden Seite nach. Ungleichgewicht in Ihrem Leben zu erkennen ist der Schritt, um es wieder auszugleichen.

WANN AM BESTEN

Nehmen Sie sich für diese Übung mindestens ein Mal die Woche Zeit. Sie können den Planer kopieren. Das hilft Ihnen, sich Ihre Zeit besser einzuteilen, was in weiterer Folge zu innerer Ruhe führt.

Wochenplaner

Arbeit   Essen   Familie   Schlafen

Leute treffen   Hausarbeit   Freizeit

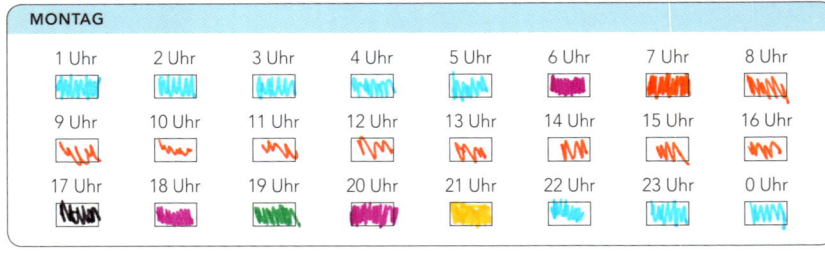

MONTAG

1 Uhr	2 Uhr	3 Uhr	4 Uhr	5 Uhr	6 Uhr	7 Uhr	8 Uhr
9 Uhr	10 Uhr	11 Uhr	12 Uhr	13 Uhr	14 Uhr	15 Uhr	16 Uhr
17 Uhr	18 Uhr	19 Uhr	20 Uhr	21 Uhr	22 Uhr	23 Uhr	0 Uhr

DIENSTAG

1 Uhr	2 Uhr	3 Uhr	4 Uhr	5 Uhr	6 Uhr	7 Uhr	8 Uhr
9 Uhr	10 Uhr	11 Uhr	12 Uhr	13 Uhr	14 Uhr	15 Uhr	16 Uhr
17 Uhr	18 Uhr	19 Uhr	20 Uhr	21 Uhr	22 Uhr	23 Uhr	0 Uhr

MITTWOCH

1 Uhr	2 Uhr	3 Uhr	4 Uhr	5 Uhr	6 Uhr	7 Uhr	8 Uhr
9 Uhr	10 Uhr	11 Uhr	12 Uhr	13 Uhr	14 Uhr	15 Uhr	16 Uhr
17 Uhr	18 Uhr	19 Uhr	20 Uhr	21 Uhr	22 Uhr	23 Uhr	0 Uhr

DONNERSTAG

1 Uhr	2 Uhr	3 Uhr	4 Uhr	5 Uhr	6 Uhr	7 Uhr	8 Uhr
☐	☐	☐	☐	☐	☐	☐	☐

9 Uhr	10 Uhr	11 Uhr	12 Uhr	13 Uhr	14 Uhr	15 Uhr	16 Uhr
☐	☐	☐	☐	☐	☐	☐	☐

17 Uhr	18 Uhr	19 Uhr	20 Uhr	21 Uhr	22 Uhr	23 Uhr	0 Uhr
☐	☐	☐	☐	☐	☐	☐	☐

FREITAG

1 Uhr	2 Uhr	3 Uhr	4 Uhr	5 Uhr	6 Uhr	7 Uhr	8 Uhr
☐	☐	☐	☐	☐	☐	☐	☐

9 Uhr	10 Uhr	11 Uhr	12 Uhr	13 Uhr	14 Uhr	15 Uhr	16 Uhr
☐	☐	☐	☐	☐	☐	☐	☐

17 Uhr	18 Uhr	19 Uhr	20 Uhr	21 Uhr	22 Uhr	23 Uhr	0 Uhr
☐	☐	☐	☐	☐	☐	☐	☐

SAMSTAG

1 Uhr	2 Uhr	3 Uhr	4 Uhr	5 Uhr	6 Uhr	7 Uhr	8 Uhr
☐	☐	☐	☐	☐	☐	☐	☐

9 Uhr	10 Uhr	11 Uhr	12 Uhr	13 Uhr	14 Uhr	15 Uhr	16 Uhr
☐	☐	☐	☐	☐	☐	☐	☐

17 Uhr	18 Uhr	19 Uhr	20 Uhr	21 Uhr	22 Uhr	23 Uhr	0 Uhr
☐	☐	☐	☐	☐	☐	☐	☐

SONNTAG

1 Uhr	2 Uhr	3 Uhr	4 Uhr	5 Uhr	6 Uhr	7 Uhr	8 Uhr
☐	☐	☐	☐	☐	☐	☐	☐

9 Uhr	10 Uhr	11 Uhr	12 Uhr	13 Uhr	14 Uhr	15 Uhr	16 Uhr
☐	☐	☐	☐	☐	☐	☐	☐

17 Uhr	18 Uhr	19 Uhr	20 Uhr	21 Uhr	22 Uhr	23 Uhr	0 Uhr
☐	☐	☐	☐	☐	☐	☐	☐

15 DER FREUND IN MIR

Man ist oft wütender auf sich selbst als auf andere. Dadurch steigt jedoch der Cortisolspiegel und Angstgefühle werden verstärkt. Probieren Sie die folgende Visualisierung, wenn Sie Schuldgefühle haben. Es wird Ihnen helfen, einen „inneren Freund" zu finden, welcher Ihre Fehler erkennt und versteht, damit Sie loslassen können.

1 Setzen Sie sich einem leeren Stuhl gegenüber. Stellen Sie sich vor, auf diesem Stuhl sitzt Ihr engster Freund und hört Ihre Gedanken

2 Ihr liebevoller, einfühlsamer Freund weiß, dass Sie sich wegen eines Fehlers aus der Vergangenheit selbst schlechtmachen und möchte nun mit Ihnen darüber reden. Er sagt, er wisse, dass es Ihnen leid tut. Sie sollen aufhören, über diesen Fehler nachzudenken. Es wird alles in Ordnung.

3 Während Ihr Freund spricht, bemerken Sie die Weisheit in seinen Worten. Das Schuldgefühl verschwindet allmählich und Klarheit überkommt Sie. Leise sagen Sie zu sich selbst: „Ich vergebe mir meine Fehler."

WANN AM BESTEN

Machen Sie diese Übung täglich 5 Minuten lang, wenn Sie sich einigermaßen ruhig fühlen. Nach einiger Zeit wird es Ihnen immer leichter fallen, diese Übung zu machen, wenn Sie sich schlecht fühlen. Indem Sie sich selbst ein liebevoller Freund sind, können Sie Ihren inneren Kritiker zum Schweigen bringen.

FÜNF WEGE
um den Körper zu stärken

Genügend Schlaf sollte
zu einer Priorität werden.

Nehmen Sie sich Zeit
für ein gesundes Frühstück.

Gehen Sie täglich raus
an die frische Luft.

Dehnen Sie sich, machen Sie
täglich Yoga und Atemübungen.

Belohnen Sie sich selbst
mit einem langen, heißen Bad.

16 DIE LIEBE HÖREN

Wenn Sie mit sich selbst unzufrieden sind, sollten Sie die folgende Visualisierung ausprobieren. Sie stützt sich auf die beiden Ideale der Authentizität und Selbstliebe des Emotionalen Gehirntrainings. Selbstliebe bedeutet nicht nur, die positiven Seiten an sich wertzuschätzen, sondern auch, die eigenen Fehler zu akzeptieren. Diese Selbstakzeptanz verhilft zu einem inneren Gleichgewicht, welches wichtig ist, um ruhig zu bleiben.

1 Atmen Sie ein paar Mal tief ein und aus und schließen Sie die Augen. Stellen Sie sich vor, Sie sind in einer wunderschönen Höhle. Es ist hell und die Wände hallen bei jedem Geräusch wider. Sie sagen „Hallo" und die Worte hallen in einem warmen Tonfall zu Ihnen zurück.

2 Denken Sie nun an eine geliebte Person (jemand aus Ihrer Vergangenheit oder Gegenwart). Sprechen Sie in dieser imaginären Höhle all die Dinge, die Sie dieser Person sagen möchten, laut aus: „Du bist etwas Besonderes" oder „Ich liebe dich, egal was passiert".

3 All diese liebevollen Worte hallen zu Ihnen zurück. Lauschen Sie diesem Echo und akzeptieren Sie, dass die Worte Ihnen gelten.

WANN AM BESTEN

Machen Sie diese Übung jeden Tag oder wann immer Sie mit sich selbst unzufrieden sind. Die eigenen Gedanken zu hören, wie Sie zu einem widerhallen, lässt Sie allmählich Liebe zu sich selbst empfinden.

17 ORDNUNG SCHAFFEN

Unordnung in der eigenen Umgebung zu beseitigen verhilft zu innerer Ruhe. Unordnung löst Stress aus – das Gehirn wird aufgewühlt und funktioniert nicht richtig, wenn man von Durcheinander und Schmutz umgeben ist. Dies hat den Grund, dass der bloße Gedanke ans Aufräumen Stress auslöst – es gibt so viel wichtigere Sachen, die erledigt werden müssen. Kognitive Verhaltenstherapie ermutigt einen dazu, Dinge nicht mehr aufzuschieben, was in weiterer Folge Angstgefühle mindert. Die folgende Übung zeigt Ihnen, wie Sie Prokrastination überwinden können.

1 Suchen Sie einen Gegenstand, der nicht an seinem Platz ist, heben Sie ihn auf und räumen Sie ihn weg. Dann machen Sie dasselbe mit dem nächsten Gegenstand. Indem Sie eine Sache nach der anderen wegräumen, schaffen Sie schrittweise Ordnung. Versuchen Sie vor der Arbeit sieben Gegenstände wegzuräumen.

2 Räumen Sie jeden Tag einen kleinen Bereich auf, zum Beispiel eine Schublade oder ein Regal und trennen Sie Dinge, die Sie wegwerfen möchten von denen, die Sie verschenken möchten.

3 Behalten Sie die Ordnung bei. Halten Sie Arbeitsflächen und Tischplatten sauber und lassen Sie keine Gegenstände darauf liegen.

4 Bringen Sie jeden Tag den Müll raus und machen Sie gleich nach dem Aufstehen Ihr Bett. Diese Gewohnheiten verhelfen Ihnen zu mehr Ordnung.

5 Putzen Sie regelmäßig die Fenster. Sie werden erstaunt sein, wie sehr sich Ihr Zuhause und wie sie sich darin fühlen ändert.

6 Ist Ihr Heim einmal ordentlich, versuchen Sie, das auch beizubehalten. Räume sollen so verlassen werden, wie sie betreten wurden.

WANN AM BESTEN

Machen Sie die Übung so oft wir nötig. Es hilft, jeden im Haushalt miteinzubeziehen. Das ist nur gerecht, da jeder an der Unordnung beteiligt ist. Stellen Sie eine Reinigungskraft ein, falls Sie zusätzliche Hilfe dabei brauchen, das Haus in Ordnung zu bringen.

NOTIZ AN MICH SELBST

Ich konzentriere mich auf das, was heute **wesentlich ist**

18 EINE LISTE MACHEN

Wenn Sie in der Nacht oft verängstigt aufwachen oder Probleme beim Einschlafen haben, sollten Sie folgende Übung ausprobieren, in welcher eine Liste erstellt werden soll. Diese Methode wird in der Kognitiven Verhaltenstherapie oft angewendet und sie hilft zu bestimmen, welche Probleme zuerst gelöst werden müssen und welche warten können. So erlangt man ein Gefühl der Kontrolle und kann abends leichter einschlafen.

1 Nehmen Sie ein Stück Papier und teilen Sie es in drei Teile. Sie müssen nun all Ihre Aufgaben in drei Kategorien einteilen. In die erste Spalte schreiben Sie alle Dinge, die nicht warten können, in die zweite alles, was lieber früher als später gemacht werden sollte und in die dritte Spalte schreiben Sie die Dinge, die irgendwann erledigt werden sollten.

2 Ordnen Sie alle Aufgaben einer der Spalten zu. Wenn Sie fertig sind, schauen Sie sich die erste Spalte an. Die Aufgaben darin sollen Sie am nächsten Tag erledigen. Die Aufgaben in Spalte zwei und drei erledigen Sie an einem anderen Tag.

3 Wenn Sie sich überfordert fühlen, sehen Sie sich die Liste und die Notiz auf der gegenüberliegenden Seite an. Konzentrieren Sie sich auf das Wesentliche.

WANN AM BESTEN

Machen Sie diese Übung jeden Abend vor dem Schlafengehen, um die Prioritäten für den nächsten Tag festzulegen. Es wird Ihnen nach und nach leichter fallen, Wichtiges von Unwichtigem zu unterscheiden. So wird Ihr Arbeitstag ruhiger und produktiver.

WIE EIN BABY SCHLAFEN

Genügend Schlaf ist essenziell für das geistige Wohlbefinden. Wer Probleme beim Einschlafen hat, kann die Methoden der Kognitiven Verhaltenstherapie anwenden, um das eigene Denken umzustrukturieren. Negative Gedanken über den Schlaf mit positiven geistigen Bilden zu ersetzen entspannt den Körper. So kann der Geist frei träumen.

1 Wenn Sie wach im Bett liegen, versuchen Sie, sich nicht zu bewegen. Wälzen Sie sich nicht hin und her oder drehen den Polster um.

2 Stellen Sie sich ein schlafendes Baby vor, so wie das auf dem Bild. Konzentrieren Sie sich darauf, wie friedlich dieser Schlaf ist. Rufen Sie in sich ein Gefühl der Wärme und Geborgenheit hervor, so wie ein Baby sich fühlt, wenn es gehalten wird.

3 Stellen Sie sich nun vor, das Neugeborene langsam hin- und herzuwiegen und schlafen zu legen. Machen Sie so lange weiter, bis Ihre Augen so schwer werden, dass sie sich schließen. Lassen Sie sich langsam in den Schlaf fallen.

WANN AM BESTEN

Wiederholen Sie die Übung jede Nacht, bis Sie der bloße Gedanke daran, wie ein Neugeborenes zu schlafen, einschlafen lässt.

WAS HILFT

Gleichbleibende Schlafenszeiten und jeden Tag (auch am Wochenende) zur selben Zeit aufzustehen fördert einen besseren Schlaf.

20 LENKEN SIE SICH AB

Wenn Sie bei Stress zu Essen, Alkohol oder Nikotin greifen, sollten Sie Folgendes versuchen, um auf gesündere Weise mit Druck umzugehen. Diese Ideen wurden von der Kognitiven Verhaltenstherapie übernommen und zur Bewältigung von Esssucht und anderen Süchten angewendet. Indem man sich von ungesunden Zwängen ablenkt, werden ungewollte Verhaltensweisen abgelegt.

WANN AM BESTEN

Machen Sie diese Übung immer, wenn Sie Heißhunger auf Ungesundes haben. Hungerattacken sind meistens die Folge von Langeweile. Wenn man diese beseitigt, sind Süchte bereits zur Hälfte überwunden.

1 Immer wenn Sie Heißhunger auf Süßes verspüren, ist das ein Zeichen für Sie, dass Sie dem Ungesunden aus dem Weg gehen sollten.

2 Gehen Sie spazieren. So distanzieren Sie sich vom Inhalt Ihres Kühlschranks. Setzen Sie Kopfhörer auf. Ihre Lieblingsmusik zu hören wirkt stimulierend und beruhigend. Sie können auch einen interessanten Podcast anhören. Den Geist zu füllen kann genauso befriedigend sein, wie den Magen zu füllen.

3 Wenn Sie nicht nach draußen gehen können, machen Sie etwas Beruhigendes, das Ihnen hilft, sich gesättigt zu fühlen. Schreiben Sie einen Brief, lesen Sie ein inspirierendes Buch oder malen Sie.

Umblättern: Versuchen Sie die Ausmalübung auf der nächsten Seite

RUHE BEI DER ARBEIT

Die häufigsten Auslöser von wiederkehrendem Stress sind die Arbeit und der Versuch, den Karrieredruck und das Privatleben im Gleichgewicht zu halten. Noch nie war es schwerer, einen Überblick über die Arbeit zu behalten. Mit zunehmendem Leistungsdruck werden immer öfter Überstunden gemacht. Außerdem sind wird durch den technischen Fortschritt ständig erreichbar. Viele prüfen ihre E-Mails nach dem Aufstehen und auch am Abend, wenn sie die Arbeit eigentlich hinter sich lassen sollen. So ist es unmöglich, zu entspannen.

Die Übungen im folgenden Kapitel helfen Ihnen, sich Zeit für sich selbst zu nehmen, egal wie beschäftigt Sie sind. Sie zeigen, wie Sie innere Ruhe finden können und da vielen Ihre Arbeitsleistung wichtig ist, enthält dieses Kapitel auch Strategien zur Effizienzsteigerung. Schlussendlich erhöht Ruhe die Produktivität mehr als Stress. Achtsamkeit verbessert beispielsweise die Konzentration sowie das Gedächtnis und führt somit zu größerem Arbeitserfolg.

21 DEN GIPFEL ERREICHEN

Die folgende Visualisierung hilft Ihnen, wenn Sie dazu neigen, zu viel zu arbeiten. Viele sehen etwas Heldenhaftes darin, das Büro als Letzter zu verlassen oder die Nacht durchzuarbeiten, um ein Projekt rechtzeitig abzugeben. So zu arbeiten ist jedoch sinnlos. Ziele können erreicht werden, ohne sich selbst zu schaden und Ruhe hilft, einen Überblick über diese Ziele zu haben.

1 Setzen Sie sich hin und schließen Sie die Augen. Stellen Sie sich vor, Sie stehen vor einem wunderschönen Berg, den sie erklimmen möchten. Der Gipfel scheint weit entfernt.

2 Zunächst ist der Weg noch schaffbar, jedoch wird er schnell immer steiler und bald gehen Sie nicht mehr, sondern klettern. Sie werden müde und durstig, doch der Gipfel scheint nun näher denn je.

3 Sie ändern Ihre Vorgehensweise. Statt zum Berg hinaufzusehen, konzentrieren Sie sich auf jeden Tritt und jeden Moment. Sie machen einen Schritt nach dem anderen und sind so vertieft, dass Sie nicht über das Ziel nachdenken. Dann erinnern Sie sich an den Berg und schauen hoch. Der Gipfel ist nun viel näher. Sie haben das Gefühl, sie müssten nur die Hand ausstrecken, um ihn zu berühren.

WANN AM BESTEN

Machen Sie diese Visualisierung jeden Morgen fünf Minuten lang. Wenn Sie von einer großen Aufgabe überfordert sind, erinnern Sie sich an den Berg und denken Sie daran, immer nur einen Schritt nach dem anderen zu machen.

22 AUFBLÜHEN

Jeder, der vor ein Publikum treten muss, hat mit Nervosität zu kämpfen. Es ist wichtig, sich von der Vorstellung zu verabschieden, dass sowieso alles schiefgehen wird. Das ist weder hilfreich noch wahr. Die folgende Übung hilft Ihnen, die negative Einstellung den eigenen Fähigkeiten gegenüber zu ändern.

1 Stellen Sie sich eine Blume vor. Ihre Form und ihre Farbe sind wunderschön, doch sie ist geschlossen. Während Sie ein- und ausatmen, kommen Sie der Blume immer näher, bis Sie und die Blume eins sind. Als Blume merken Sie nun, dass Sie Ihre Blüten öffnen möchten, um der Welt Ihre ganze Pracht zu zeigen.

2 Atmen Sie weiter und stellen Sie sich Wärme der ersten Sonnenstrahlen vor. Der Morgen dämmert und der Kopf der Blume entspannt sich. Die Blüten öffnen sich und die Blume nimmt ihre wahre, prachtvolle Gestalt an. Genießen Sie das Gefühl der Offenheit und Freiheit.

3 Es musste nur die richtige Zeit kommen. Am Ende geschieht alles wie von selbst. Das gilt nicht nur für die Blume, sondern auch für Sie und die Art, wie Sie Ihre Ideen und Ihre Persönlichkeit präsentieren.

WANN AM BESTEN

Machen Sie diese Übung immer, wenn Sie vor einer Gruppe präsentieren müssen und nervös sind. Es wird Sie beruhigen und Ihnen dabei helfen, sich auf das zu konzentrieren, was Sie vermitteln wollen.

23 GLEICHGEWICHT FINDEN

Schon lange fällt es vielen schwer, Ihre Zeit zwischen Arbeit und Freizeit, Karriere und Familie, für die Kinder zu sorgen und tatsächlich Zeit mit den Kindern zu verbringen, einzuteilen. Die Methoden der Kognitiven Verhaltenstherapie helfen, Probleme klarer zu sehen und ein Gleichgewicht zu finden. Die folgende Übung ist hiefür ein guter Anfang.

1 Zeichnen Sie mit einem Lineal eine vertikale Linie in die Mitte eines leeren Blattes Papier.

2 Schreiben Sie auf die linke Seite Dinge auf, die Sie glücklich machen. Das können kleine Dinge sein, wie beispielsweise Ihre Kinder in die Schule zu bringen, auszugehen oder Yoga zu machen.

3 Auf die rechte Seite schreiben Sie Dinge auf, die Ihr Glück stören, wie beispielsweise die Unordnung in der Küche oder der lange Weg zur Arbeit.

4 Das Positive und Negative aufzuschreiben verhilft Ihnen zu mehr Klarheit und öffnet den Weg zu Veränderung. Wenn Ihnen eine mögliche Lösung einfällt, dann unternehmen Sie die nötigen Schritte, um sie zu verwirklichen.

WANN AM BESTEN

Sehen Sie sich Ihre Liste eine Woche lang ein paar Mal an und fragen Sie sich, was Sie ändern könnten. Beispielsweise können Sie Familientreffen in den Terminkalender eintragen, um sie nicht zu vergessen oder einen Tag bestimmen, an dem die Hausarbeit verrichtet wird und, wenn möglich, eine Reinigungskraft anstellen.

NOTIZ AN MICH SELBST

Ein wenig Nichtstun macht glücklich

ZEITEN DES NICHTSTUNS

Burn-out entsteht, wenn wir emotional mehr geben, als wir zurückbekommen. Wer sich überarbeitet und sich dennoch unerfüllt, nicht wertgeschätzt oder vereinsamt fühlt, wird früher oder später zum Stillstand kommen. Die folgende Übung hilft dabei, die inneren Ressourcen einzuteilen. Es ist wichtig, sich jeden Tag dafür Zeit zu nehmen, nichts zu tun, um sich zu erholen.

1 Atmen Sie ein paar Mal tief ein und aus und holen Sie Ihren Kalender. Sehen Sie sich die vergangene Woche an. Wenn sie voller Termine war, schwören Sie sich, dass die kommende Woche anders sein wird.

2 Nehmen Sie einen Stift und statt einzutragen, was Sie noch zu tun haben, tragen Sie ein, wann Sie absolut nichts machen werden. Es ist besser, das auf Papier statt in einem elektronischen Terminkalender zu machen, damit nichts geändert werden kann.

3 Wenn Sie eine Aufgabe bekommen oder jemand mit Ihnen etwas besprechen möchte, vermeiden Sie, es in der Zeit zu machen, in der Sie nichts tun. Sagen Sie, sie haben keine Zeit und denken Sie sich „Ich bin damit beschäftigt, nichts zu tun". Erinnern Sie sich an die Notiz auf der gegenüberliegenden Seite.

WANN AM BESTEN

Machen Sie diese Übung, wenn Sie sich ausgelaugt und unmotiviert fühlen. Sie werden Sehen, dass ein wenig Ich-Zeit Sie glücklicher und produktiver macht.

FÜNF WEGE
zu einer gesünderen Arbeitsweise

Gehen Sie herum,
während Sie telefonieren.

Kontrollieren Sie Ihre E-Mails
nur zu festgelegten Zeiten.

Atmen Sie vor Besprechungen
tief ein und aus.

Haben Sie Wasser auf dem Tisch
und trinken Sie ausreichend.

Machen Sie Pausen,
wenn Sie sie brauchen.

25 ELASTISCHE GEDANKEN

Es ist schwer, sich bei der Arbeit zu konzentrieren, wenn man mit E-Mails und Anrufen regelrecht bombardiert und ständig von Leuten, die in das Büro kommen, gestört wird. Unsere Gedanken und Sorgen können unsere Arbeit jedoch mehr behindern äußere Ablenkungen. Achtsamkeit lehrt uns, dass störende Gedanken eigentlich sehr elastisch sind und wie Gummibänder weggeschossen werden können.

1 Schließen Sie die Augen und konzentrieren Sie auf Ihre Atmung. Atmen Sie ein paar Mal tief ein.

2 Stellen Sie sich vor, die Ablenkungen wären Gummibänder, welche unordentlich auf dem Schreibtisch liegen. Nehmen Sie eines, schießen Sie es weg und sagen Sie: „Ich arbeite jetzt, darüber kann ich später nachdenken".

3 Holen Sie ein Paar Mal tief Luft und wiederholen Sie die Übung einige Male, bis der Tisch frei von Ablenkungen ist. Dann öffnen Sie die Augen und konzentrieren sich auf die Arbeit. Wenn ein störender Gedanke aufkommt, stellen Sie einfach vor, ihn wegzuschießen.

WANN AM BESTEN

Machen Sie diese Visualisierung zwei Wochen lang jeden Tag, bis sie Ihnen leicht fällt. Danach machen Sie sie nur, wenn es nötig ist. Wenn Sie einen Gedanken haben, der nicht weg geht, nehmen Sie sich vor, das Problem später zu lösen. Sie können mit dem Problem auch einen „Termin" vereinbaren und sich vornehmen, zum Beispiel um 17 Uhr darüber nachzudenken.

26 SCHMETTERLINE FANGEN

Ein Weg zu mehr Ruhe ist, mit dem Multitasking aufzuhören. Studien zeigen, dass das Gehirn beim Multitasking zwischen mehreren Aufgaben hin und her schaltet. Es ist ineffizienter und anstrengender als eine Aufgabe nach der anderen zu machen. Wenn Sie das nächste Mal dazu verleitet werden, Multitasking zu machen, sollten Sie die folgende Übung ausprobieren.

1 Schließen Sie die Augen und stellen Sie sich vor, Sie sind in einer Blumenwiese. Schmetterlinge in allen möglichen Formen, Größen und Farben fliegen herum. Sie haben ein Netz und möchten eine dieser schönen Kreaturen fangen, um sie kurz anzusehen.

2 Sie versuchen, einen der Schmetterlinge zu fangen, doch sie sind zu flink. Sie schlagen mit dem Netz in die Luft, aber kommen nicht in ihre Nähe. Also ändern Sie Ihre Taktik. Sie konzentrieren sich auf einen prächtigen, blauen Schmetterling, der auf einer Pflanze sitzt und blenden die anderen aus.

3 Plötzlich wird es einfacher. Sie müssen nur das Netz über den ruhenden Schmetterling zu legen, als würden Sie ihn in eine feine Decke hüllen. Sie bestaunen seine Schönheit und lassen ihn wieder frei.

WANN AM BESTEN

Machen Sie diese Visualisierung 5 Minuten lang, bevor Sie zur Arbeit gehen. Es erinnert Sie daran, dass es besser ist, sich auf eine Aufgabe zu konzentrieren.

NOTIZ AN MICH SELBST

Ich schütze mich selbst und strahle eine positive Einstellung aus

27 DIE BESTE SEITE ZEIGEN

Bei der Arbeit eine ruhige Haltung zu bewahren ist nicht immer einfach. Emotionales Gehirntraining verhilft uns zu mehr Ausgeglichenheit, indem es uns lehrt, wie wichtig Integrität ist. Wir müssen uns selbst treu bleiben und anderen nicht zu erlauben, unser Selbstvertrauen, unsere Beziehungen und unsere Produktivität zu stören.

1 Stellen Sie sich Ihren Arbeitsplatz als lebenden Organismus vor, welcher sich aus verschiedensten Persönlichkeiten zusammensetzt. Probleme anderer Menschen sind wie ein Virus und können ansteckend sein. Schützen Sie sich, indem Sie Negativität vermeiden und Probleme als Chance sehen.

2 Wenn Sie bei der Arbeit mit anderen reden, halten Sie sich an die Tatsachen, legen Gefühle beiseite und achten Sie darauf, wie Sie sprechen. Wenn Sie barsch reden sollten, halten Sie kurz inne und atmen.

3 Lächeln Sie. Es entspannt Ihr Gesicht und wirkt positiv auf Geist und Körper. Lächeln verändert auch, wie andere Menschen auf Sie reagieren.

4 Helfen Sie Ihren Arbeitskollegen. Denken Sie daran, dass Negativität auf Sie zurückprallen kann.

WANN AM BESTEN

Machen Sie die Übung jeden Tag. Eine positive Grundhaltung zu haben schützt Sie davor, von den Problemen anderer eingesaugt zu werden und hilft Ihnen, eine positive Haltung zu bewahren.

28 SOFORTIGE RUHE

Wenn Sie ständig unterwegs sind, sollten Sie die folgende Übung ausprobieren, um schnell zur Ruhe zu kommen. In ruhevollen Momenten entspannt der Geist und die emotionale Ausdauer wird wiederhergestellt. Studien zeigen, dass regelmäßige Achtsamkeitsmeditation die Denkmuster ändert und hilft, sich vom Stress zu erholen.

1 Setzen oder legen Sie sich gemütlich hin. Die Arme und Beine sollen dabei nicht gekreuzt sein. Schließen Sie die Augen.

2 Rufen Sie ein Bild hervor, welches für Sie Frieden repräsentiert. Das kann alles mögliche sein: das Innere einer Kirche oder eines Tempels, ein weißes Einhorn, ein Korallenriff, eine Waldlichtung oder ein wunderschöner See.

3 Nehmen Sie sich ein wenig Zeit, um sich die Details dieses geistigen Bildes vorzustellen. Bei einer Waldlichtung können Sie sich beispielsweise die Farbe und Oberflächenstruktur der Baumstämme, die Form der Blätter oder das Sonnenlicht vorstellen, welches durch die Blätter scheint.

WANN AM BESTEN

Machen Sie diese Übung jeden Tag zur selben Zeit, beispielsweise kurz bevor Sie zur Arbeit gehen. Sie können sie auch während Ihrer wohlverdienten Pause machen oder während Sie auf den Bus warten.

4 Während Sie langsam einatmen, denken Sie an den friedvollen Ort oder das Objekt und jedes Mal, wenn Sie ausatmen, sagen Sie das Wort „Frieden" leise zu sich selbst (oder laut, wenn Sie gerade allein sind). Machen Sie dies ein paar Mal.

5 Nun legen Sie eine Hand auf Ihre Brust und die andere auf Ihren Bauch. Wiederholen Sie das Atmen und Sprechen. Fühlen Sie Ihren Herzschlag oder wie Ihr Bauch sich langsam entspannt?

6 Atmen Sie kurz weiter und entspannen Sie Ihren Körper. Wenn Sie sich bereit fühlen, öffnen Sie langsam Ihre Augen und atmen Sie noch ein paar Mal tief ein, bevor Sie sich wieder Ihrer Arbeit widmen.

NOTIZ AN MICH SELBST

Ich kann immer den Frieden in mir finden

29 MANDALA

Wenn es Ihnen schwer fällt, zu entspannen, sollten Sie versuchen, ein Mandala auszumalen. Dieses Jahrhunderte alte spirituelle Symbol wird oft in der Kunsttherapie als eine Art Entspannungsmeditation verwendet. Einen perfekt symmetrischen Kreis auszumalen wirkt besonders beruhigend.

WANN AM BESTEN

Ausmalen ist ein guter Weg, um Stress abzubauen. Machen Sie es während dem Mittagessen oder wenn Sie am Abend nach Hause kommen. Das ist viel besser, als auf dem Sofa fernzusehen, um zu entspannen.

1 Bevor Sie beginnen, bereiten Sie alle Stifte vor, die Sie brauchen. Nehmen Sie sich kurz Zeit, um sich zu sammeln. Atmen Sie ein paar Mal tief ein und aus. Entspannen Sie Ihre Schultern und Ihren Kiefer und achten Sie darauf, dass Sie komfortabel sitzen.

2 Malen Sie mit Ihren Stiften das Mandala auf der nächsten Seite aus. Lassen Sie sich bei der Farbauswahl von Ihrem Instinkt leiten. Es gibt kein Richtig oder Falsch. Um sich von jeder Entscheidung freizumachen, schließen Sie die Augen und wählen Sie den Stift zufällig. Das kann sehr befreiend sein.

3 Genießen Sie das Ausmalen, ohne sich um das Endergebnis zu kümmern. Nehmen Sie dieses Gefühl der Ruhe mit in den restlichen Tag.

Versuchen Sie Folgendes: Mandalas auszumalen kann sehr entspannend sein

EIN
STARKER
GEIST

Unsere Gefühle und Gedanken können manchmal stürmisch sein und uns an eine Küste der Betrübtheit treiben, wie ein emotionales Schiffswrack. Durch Meditation und anderen Techniken ist es jedoch möglich, stillere Gewässer und einen Hafen des Friedens anzusteuern.

Kognitive Verhaltenstherapie und Emotionales Gehirntraining helfen, negative Denkmuster zu erkennen, welche Ungleichgewicht und Ärger auslösen. Diese Methoden zeigen, dass Gedanken und Emotionen einen sehr großen Einfluss auf unser Verhalten haben, und helfen dabei, schädliche Denkweisen zu ändern. Der Geist kann darauf trainiert werden, friedvoll zu sein. Das ist eine Fertigkeit, die erlernt werden kann. Ruhe bedeutet nicht nur, das Temperament zu zügeln, sondern geht viel tiefer. Sie hilft, mit der Umwelt auf eine andere Art zu interagieren, sodass man vor Stress und vor dem Schaden, den er in der Psyche verursachen kann, geschützt ist.

30 KRAFT DER BLUMEN

Für die meisten ist das Leben wie ein Rennen. Das „Tempo zu drosseln" ist ein Achtsamkeitskonzept, welches uns hilft, die Zeit sinnvoller zu nutzen. Wir brauchen Signale, die uns daran erinnern, etwas langsamer anzugehen. Die folgende Übung basiert auf diesem Prinzip. Ein visuelles Signal soll helfen, an einem anstrengenden Tag einen Moment der Ruhe zu finden.

1 Nehmen Sie sich zwei Minuten Zeit, um sich auf einen gemütlichen Stuhl zu setzen. Schließen Sie die Augen und stellen Sie sich eine Wiese voller Narzissen vor. Nutzen Sie Ihre Vorstellungskraft, um die warme gelbe Farbe und die im Sonnenlicht glänzenden Köpfe genau zu betrachten. Nehmen Sie sich Zeit, genau hinzusehen. Diese lieblichen Blumen laufen nicht weg.

2 Bevor Sie die Augen öffnen, prägen Sie sich dieses fesselnde Bild in Ihrem Gedächtnis ein. Diese Narzissen sollen Sie daran erinnern, es heute langsamer anzugehen. Erinnern Sie sich immer an dieses Bild, wenn Sie merken, dass Sie in Eile sind.

WANN AM BESTEN

Machen Sie diesen kurzen Moment zu einem wichtigen Teil Ihrer morgendlichen Routine. Es dauert schließlich nicht länger als Zähneputzen.

WIE OFT

So oft Sie möchten. Je öfter Sie es machen, desto besser funktioniert es. Stellen Sie als zusätzliches visuelles Signal eine Vase mit Blumen auf Ihren Schreibtisch.

31 SORGEN ZIEHEN VORBEI

Jeder ist beunruhigt, wenn sich Dinge der eigenen Kontrolle entziehen. In der folgenden Übung aus dem Emotionalen Gehirntraining werden Sorgen als etwas substanzloses visualisiert, beispielsweise eine Wolke. So wird deutlich, dass sich Sorgen, wie Wolken, langsam verändern und verschwinden.

1 Legen Sie sich gemütlich hin und schauen Sie zur Decke hoch. Stellen Sie sich vor, Sie betrachten einen blauen Himmel mit vereinzelten weißen Wolken. Sorgen sind wie Wolken, die aus der Ferne beobachtet werden. Sie scheinen eine feste Form zu haben, doch wenn man Sie genauer betrachtet, bestehen Sie hauptsächlich aus Luft und ziehen weiter.

2 Mit diesem Bild vor Ihrem geistigen Auge sagen Sie zu sich selbst: „Das geht vorbei". Wiederholen Sie diesen Satz mehrmals: „Auch das geht vorbei".

3 Nun stellen Sie sich vor, die Wolken ziehen vorbei. Wenn Sie dann aus Ihrem Blickfeld verschwunden sind, sehen Sie nur noch blauen Himmel. Nehmen Sie sich kurz Zeit, um zu atmen, und stehen Sie dann langsam auf.

WANN AM BESTEN

Wenn Sie unter Stress stehen, sollten Sie diese Übung machen bevor Sie morgens aufstehen.

WIE OFT MACHEN

Mindestens ein Mal täglich und öfter, wenn Sie sich ein paar Minuten am Tag Zeit nehmen können, um sich hinzulegen.

32 DANKBARKEIT ÜBEN

Wer dankbar ist, fühlt sich automatisch ruhiger. Dankbarkeit hilft, die Dinge positiver zu sehen, bewusster am Leben teilzunehmen und das Erlebte zu schätzen. Dadurch steigt das Zufriedenheits- und Ruhegefühl. In der kognitiven Verhaltenstherapie dienen Tagebücher dazu, sich an all das zu erinnern, wofür man dankbar sein kann. Die folgende Übung zeigt, wie das geht.

1 Verfassen Sie Ihr Tagebuch jeden Tag zur selben Zeit. So wird es zu einer Gewohnheit.

2 Versuchen Sie, jeden Tag über eine bestimmte Anzahl an Momenten oder Ereignisse zu schreiben, für die Sie dankbar sind. Drei sind optimal.

3 Schreiben Sie über Dinge, die Sie genießen. Das kann ein Sonnenuntergang, Wandern, das Lächeln einer geliebten Person, die Zuneigung eines Haustiers, die Musik eines Straßenmusikanten, ein gelöstes Problem oder verblasste Sorgen sein.

4 Erwarten Sie nicht, sich an alles zu erinnern. Wenn Ihnen etwas Gutes widerfährt, nehmen Sie Ihr Handy und senden Sie sich selbst eine E-Mail, um sich an dieses schöne Erlebnis zu erinnern.

WANN AM BESTEN

Jeden Tag vor dem Schlafengehen. Suchen Sie sich ein Mal pro Woche einen Grund, dankbar zu sein. Beschreiben Sie diesen Grund und was er Ihnen bedeutet aufs Genaueste.

33 HOCH FLIEGEN

Einige Menschen denken ständig nur an das Schlimmste, das passieren kann, und jeder erwischt sich von Zeit zu Zeit dabei. Schwarzmalerei kann jedoch ein solches Ausmaß annehmen, dass es die innere Ruhe stört. In der folgenden Übung wird das Bilden von Gegensatzpaaren (eine Methode aus der Kognitiven Verhaltenstherapie) verwendet, um das pessimistische Denken zu durchbrechen.

1 Wenn Sie sich einmal hoffnungslos, trübsinnig, mutlos oder niedergeschlagen fühlen, versuchen Sie, diese Gefühle nicht zu blockieren oder zu analysieren.

2 Denken Sie stattdessen an zwei sehr positive Dinge, beispielsweise, dass Sie auf dem Gipfel des Glücks und voller Hoffnung sind oder durch die Lüfte fliegen.

3 Ihre positiven Gedanken sollen die negativen Gedanken an Zahl übertreffen und das in einem Verhältnis von zwei zu eins. Erst dann sind Sie bereit, mit Ihrer Arbeit weiterzumachen.

WANN AM BESTEN

Machen Sie diese Übung so oft, wie es nötig ist. Sie werden langsam aufhören, das Schlimmste zu erwarten und anfangen, realistischer zu sein.

34 BLÜTEN FALLEN LASSEN

Die folgende Achtsamkeitsübung hilft Ihnen, wenn es Ihnen schwerfällt, Kontrolle abzugeben. Jeder möchte selbst über sein Leben bestimmen, jedoch kann das mit einem Gefühl der Angst einhergehen, dass alles in die Brüche geht, wenn man einen Moment entspannt. Es ist wichtig, jeden Moment zu begrüßen, ohne ein bestimmtes Ergebnis erzwingen zu wollen.

1 Stellen Sie sich vor, Sie sind in einem ummauerten Garten und betrachten eine Blume darin. Die Blume ist unbeschreiblich schön. Sie möchten, dass sie für immer so bleibt.

2 Plötzlich weht ein starker Wind über den Garten. Ihre Blume schwingt hin und her. Sie nimmt keinen Schaden, doch Ihnen wird bewusst, dass der Wind bald zunehmen wird und die Blüten abfallen werden.

3 Sie denken nun wieder an die Blume und achten ganz genau auf die Schönheit jeder einzelnen Blüte. Ihr Gefühl der Wertschätzung wird immer stärker, da Sie wissen, dass die Schönheit der Blume vergehen wird.

WANN AM BESTEN

Machen Sie diese Übung jeden Tag fünf Minuten lang. Machen Sie sich bewusst, dass Dinge geschehen zu lassen nicht bedeutet, dass Sie Ihnen egal sind oder Sie aufgegeben haben. Sie haben lediglich akzeptiert, dass vollkommene Kontrolle unmöglich und ein sinnloses Bestreben ist.

35 EIN ORT DES FRIEDENS

Der erste wichtige Schritt zu mehr Ruhe ist, eine beruhigende Atmosphäre um sich herum zu schaffen. Entspannende Musik zu hören oder ein interessantes Buch zu lesen kann ein Gefühl des Friedens auslösen. Sie können jedoch auch mit der folgenden Übung aus dem Emotionalen Gehirntraining ein beruhigendes geistiges Bild heraufbeschwören. Es ist eine Visualisierung, bei der das Sehzentrum des Gehirns aktiviert wird.

1 Setzen Sie sich auf einen gemütlichen Stuhl und schließen Sie die Augen. Stellen sie sicher, an einem ruhigen Ort zu sein und nicht gestört zu werden. Nehmen Sie sich kurz Zeit, ruhig zu atmen und den Körper dabei zu entspannen.

2 Stellen Sie sich vor, Sie betrachten einen strahlend blauen Himmel. Sie stehen barfuß auf einer Sanddüne und fühlen den Sand unter Ihren Füßen. Neben Ihnen ist hohes Gras. Sie strecken den Arm aus und berühren es.

3 Sie hören den Klang der Wellen und setzten sich kurz hin, um die Stille zu genießen. Dann gehen Sie durch den warmen Sand in Richtung Meer.

WANN AM BESTEN

Machen Sie diese Übung täglich. Sie werden merken, dass Ihr Geist es genießt, sich schöne und beruhigende Bilder vorzustellen, wenn das Leben unerträglich und chaotisch ist. Sie können in stressigen Momenten an diesen „Ort des Friedens" denken, um zur Ruhe zu kommen.

4 Sie kommen beim Wasser an und riechen den Duft des Meeres. Sie gehen in das seichte Wasser und fühlen, wie die kühlen und erfrischenden Wellen gegen Ihre Füße schlagen.

5 Sie gehen tiefer ins Wasser und tauchen schließlich ganz ein, um zu schwimmen und das Salz an den Lippen zu schmecken.

6 Als Sie aus dem Wasser steigen, sehen Sie am Strand ein Handtuch, mit dem Sie sich dann abtrocknen. Es ist dick, weich und warm von der Sonne. Sie setzen sich in den Sand und fühlen sich vollkommen zufrieden und entspannt, während Sie die schlagenden Wellen beobachten.

7 Halten Sie dieses Gefühl der Ruhe und der Zufriedenheit fest, während Sie die Visualisierung langsam beenden. Öffnen Sie die Augen und holen Sie ein paar Mal tief Luft, bevor Sie mit Ihrem Tag weitermachen.

Ich fühle
Wellen
der
Zufriedenheit

senta en tamaño natural,
detalles de esta linda b...
anchos y tres matic...
cálices y los tallos son...
punto, cuyo largo varia se...
una aguja que tenga el ojo la...
Cordón de seda y cinta de reps malva...

84. Traje con recogidos en abanico. — Este vestido... de fa...
de seda negra, con fondo de falda recubierto á plano por dela... con la
de encima, entre los recogidos, que llevan un paño de 4 m. de... ho, sesga...
en 50 cent. en los bordes del lado. Se dispondrán los pliegues... arriba segu...
el dibujo 84. Se fruncirá por detrás. Se abrocha el cuerpo p... elante baj...

36 TRÄUME VISUALISIEREN

Tagträumen wird von vielen als Zeitverschwendung angesehen, doch es ist bewiesen, dass Tagträume die Psyche beruhigen. Außerdem sind viele Lebensberater und Verhaltensforscher der Meinung, dass Träume eher realisiert werden können, wenn sie vergegenwärtigt werden und eine konkrete Form bekommen. In der folgenden Übung aus der Kognitiven Verhaltenstherapie wird eine „Collage der Träume" erstellt, um die eigenen Ziele zu visualisieren.

1 Sie benötigen eine Korktafel, ein Sammelalbum oder ein großes Stück leere Pappe, etwas auf das Sie Bilder anordnen und umordnen können.

2 Suchen Sie in Magazinen nach Bildern oder Sätzen, die Sie inspirieren. Schneiden Sie sie aus und heben Sie sie auf. Verwenden Sie auch Ihre eigenen Zeichnungen oder Fotos.

3 Nachdem Sie genügend Material gesammelt haben, gestalten Sie Ihr eigenes Stimmungsbrett. Alles zusammen soll eine Collage der Hoffnung und Inspiration ergeben. Sie können es einrahmen und dort aufhängen, wo Sie es jeden Tag sehen.

WANN AM BESTEN

Erstellen Sie Ihre Collage der Träume über einen Zeitraum von zwei Wochen. Sie werden sich so schrittweise immer mehr auf Ihre Träume konzentrieren und sie mit einer ruhigen Entschlossenheit verfolgen.

37 WEITERGEBEN

Eine Möglichkeit den Geist zu beruhigen ist, sich auf andere, statt auf sich selbst zu konzentrieren. Die folgende Übung basiert auf dem Prinzip des „Weitergebens". Es geht dabei darum das Gute, das einem getan wurde, zu würdigen und an eine andere Person weiterzugeben. Dadurch entsteht ein Gefühl der Wertschätzung und Gemeinschaft.

1 Wenn Sie morgens vor dem Spiegel stehen, denken Sie an einen Gefallen, den jemand für Sie getan hat. Vielleicht hat Sie jemand mit dem Auto mitgenommen, als es geregnet hat oder ein Arbeitskollege hat Ihnen bei einem Problem geholfen. Nehmen Sie sich kurz Zeit, still „Danke" zu sagen.

WANN AM BESTEN

Sie sollten diese Übung 30 Tage lang täglich machen. Sie werden sehen, wie es Ihre Mitmenschen positiv verändert.

2 Merken Sie sich, diese Freundlichkeit irgendwann an jemand anderen weiterzugeben. Es muss dabei nicht dieselbe Person sein, die Ihnen den Gefallen getan hat. Geben Sie die Freundlichkeit, wenn möglich, ein eine neue Person weiter. Sie können beispielsweise jemandem einen Kaffee kaufen oder dabei helfen, einen Kinderwagen aus dem Bus zu tragen. Sie werden merken, wie gut sich eine kleine höfliche Geste anfühlt.

38 ZWEIFEL ÜBERWINDEN

Die folgende Visualisierung hilft bei Unentschlossenheit. Emotionales Gehirntraining lehrt, dass das Gehirn oft gegen sich selbst kämpft. Dieser innere Konflikt ist sehr anstrengend, jedoch kann dabei gelegentlich ein kreativer Gedanke aufkommen. Diesen Gedanken zu erkennen und ihn in Taten zu verwandeln ist wichtig, um den Stillstand zu unterbrechen.

1 Stellen Sie sich vor, Sie sind auf einer gemächlichen Radtour auf dem Land und fahren an wunderschönen Feldern, Wiesen, Hügeln und Tälern vorbei.

2 Plötzlich verändert sich das Gelände. Sie befinden sich nun am Rand eines steilen und kurvigen Weges, der nach unten führt. Sie sehen, dass der Weg am Ende des Abhangs grün und eben wird, aber schaffen Sie es, dorthin zu gelangen?

3 Sie beschließen, es zu versuchen. Sie fahren ohne zu Bremsen den steilen Hügel hinab und weichen dabei den spitzen und gefährlichen Steinen aus. Erstaunlicherweise kommen Sie unbeschadet unten an und finden das Gefühl berauschend. Als Sie die sonnige Ebene erreichen, sind Sie stolz auf sich.

WANN AM BESTEN

Machen Sie diese Übung ein Mal täglich fünf Minuten lang. Sie werden bald merken, dass Ihre Selbstzweifel verschwinden und Sie nun schneller handeln können, wenn es notwendig ist.

FÜNF WEGE
zu psychischer Gesundheit

Führen Sie ein „Dankbarkeits-Tagebuch".

Verwenden Sie positive
Bestätigung, an die Sie glauben.

Schätzen Sie
Ihre Stärken.

Vergeben Sie sich
Ihre Fehler.

Erinnern Sie sich an die Hürden, die
Sie bereits überwinden konnten.

39 GRÜN LEUCHTEN

Die folgende Visualisierung hilft Ihnen, wenn Sie unzufrieden sind oder das Gefühl haben, nicht mehr weiterzukommen. Sie stützt sich auf Lebendigkeit, ein Konzept aus dem Emotionalen Gehirntraining, welches die emotionale Ausgeglichenheit fördert. Es bedeutet, sich lebendig zu fühlen, Dingen Leben einzuhauchen und Neues zu lernen, egal wo man ist.

1 Bevor Sie am Abend das Licht ausschalten, setzen Sie sich auf und schließen Sie die Augen. Stellen Sie sich vor, am Morgen aufzuwachen und alles, was Sie berühren, beginnt in einer strahlenden smaragdgrünen Farbe zu leuchten. Selbst Dinge, die früher alt und matt ausgesehen haben, wachsen nun und nehmen eine leuchtende grüne Farbe an.

2 Ein lieblicher und frischer Duft geht von all den grünen Dingen aus, die Sie nun umgeben. Atmen Sie den frischen Geruch von Minze, Kiefer, Farn, Fichte und Eukalyptus ein.

3 Dieses geistige Bild begleitet Sie von nun an überall hin. Es soll Sie daran erinnern, dass es immer etwas zu lernen, genießen und aufnehmen gibt, auch wenn das Leben stillzustehen scheint.

WANN AM BESTEN

Machen Sie diese Übung eine Woche lang jeden Tag, Sie mehrmals zu wiederholen hilft Ihnen zu verstehen, dass emotionales Wachstum und Wohlbefinden wichtig sind, wohin das Leben Sie auch führt.

40 GEFÜHLE MÄSSIGEN

Wenn Sie oft von Ihren Gefühlen übermannt werden, kann es Ihnen helfen, Mäßigung zu lernen. Bei dieser Methode bestimmen Sie die Intensität eines negativen Gefühl und stellen sich vor, es auf ein kontrollierbares Maß zu reduzieren.

1 Wenn Sie ein Gefühl von Ärger oder Wut verspüren, halten Sie kurz inne und achten Sie darauf, wie sich dieses Gefühl in Ihrem Körper anfühlt.

2 Bewerten Sie Ihr Gefühl auf einer Skala von eins bis acht. Eins bedeutet, dass das Gefühl kaum spürbar ist und acht bedeutet, dass es sehr intensiv ist.

3 Benennen Sie das Gefühl. Sagen Sie beispielsweise zu sich selbst: „Ich fühle mich enttäuscht und es ist eine Drei." Beobachten Sie das Gefühl weiter und Sie werden merken, dass die Intensität nachlässt, wenn man es benennt.

WANN AM BESTEN

Machen Sie diese Übung ein Mal täglich, idealerweise, wenn Sie sich einigermaßen ruhig fühlen. Mit der Zeit wird es Ihnen leichter fallen, die Übung zu machen, wenn Sie starke Emotionen verspüren und sie dazu verwenden, die Gefühle zu kontrollieren.

41 DEN STURM BERUHIGEN

Selbst wenn man gelernt hat, den Tag ruhiger zu gestalten, ist es schwer, diese Ruhe auch bei unerwarteten Problemen oder tragischen Ereignissen zu bewahren, welche Teil des Lebens sind. Ist es möglich, während eines unkontrollierbaren Sturms an Emotionen ruhig zu bleiben? Eine Antwort darauf liefert die Achtsamkeitsbasierte Stressreduktion. Sie bietet Methoden, die einem helfen, wenn man die Kontrolle verliert. Versuchen Sie die folgenden Strategien, entweder einzeln oder alle der Reihe nach.

1 Stellen Sie sich selbst als neugierigen und besorgten, aber unbeteiligten, Beobachter vor. So sehen Sie Dinge in einem anderen Licht.

2 Bauen Sie zwischen Ihnen und Ihren Gefühlen eine Distanz auf. Statt zu sagen „Ich bin panisch" sagen Sie „Ich fühle Panik in mir". Das soll Sie daran erinnern, dass Panik aufkommt, abklingt und vergeht, während Sie selbst unverändert bleiben. Machen Sie sich bewusst, dass Sie nicht von Ihren flüchtigen Gefühlen definiert werden.

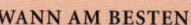

WANN AM BESTEN

Wenden Sie diese Strategien mindestens zwei Wochen 15 Minuten täglich an. Mit der Zeit werden Sie Ihre innere Ruhe wiederfinden.

3 Achten Sie auf Ihre Bedürfnisse. Suchen Sie Hilfe, wenn Sie sie brauchen. Die Menschen, die Sie lieben, helfen Ihnen gern durch schwere Zeiten, also sollten Sie ihnen und ihren Ratschlägen gegenüber offen sein.

4 Lenken Sie sich ab oder trösten Sie sich. Machen Sie etwas Heilsames, beispielsweise Meditation, Atemübungen oder Malen.

5 Rufen Sie positive Erinnerungen hervor. Denken Sie an Ihre Erfolge und erinnern Sie sich an schwere Zeiten, die Sie durchlebt haben und was Sie daraus lernen konnten.

Umblättern: Versuchen Sie die Ausmalübung auf der nächsten Seite

RUHIGERE BEZIEHUNGEN

Unsere Beziehungen zu anderen Personen sind wichtig für unser Wohlbefinden. Es ist bewiesen, dass Zeit mit der Familie oder mit Freunden zu verbringen beruhigend wirkt und unser Sicherheitsgefühl stärkt. Sich mit positiven Menschen zu umgeben reduziert Wut, erhöht die Ausdauer und sogar die Schmerztoleranz.

Es ist ironisch, dass wir bei zu viel Druck unsere Wut an den Menschen auslassen, die uns am nächsten stehen und die wir am meisten lieben. Das ist nur natürlich, aber auch gefährlich, weil wir so in einen Strudel aus Stress, Streit und gegenseitigen Schuldzuweisungen geraten, welcher außer Kontrolle geraten kann und so unsere Beziehungen zerstört.

Das folgende Kapitel zeigt, wie man sich eine gesunde Auszeit von zwischenmenschlichen Beziehungen nehmen, sich bessere Kommunikationsstrategien (sowohl emotional als auch verbal) aneignen und selbst in schwierigen Zeiten den inneren Frieden bewahren kann, wenn die Menschen um einen herum nicht den Halt bieten, den man sich wünscht. Liebe kann eine Quelle der Ruhe sein und Ruhe kann ein Ausdruck von Liebe sein.

42 WELLEN DER EMOTIONEN

Sie können die folgende Übung ausprobieren, wenn Sie im Begriff sind, Ihre Wut an einem geliebten Menschen auszulassen. Viele wissen nicht, wie sie mit ihren Emotionen umgehen sollen. Wir versuchen Wut oder Trauer oft zu verdrängen, uns von ihnen zu distanzieren oder sie zu leugnen. Wenn wir uns jedoch erlauben, sie zu fühlen, merken wir, dass sie wie eine Welle von selbst verebben. So bleibt die Ruhe in unseren Beziehungen erhalten.

1 Setzen Sie sich, schließen Sie die Augen und atmen Sie tief ein und aus. Während Sie atmen, stellen Sie sich ein tiefblaues, ruhiges Meer vor und wie Sie ins warme Wasser gehen. Alles ist in Ordnung.

2 Die Wellen schlagen sanft gegen Ihre Beine und Sie fühlen sich glücklich. Sie begrüßen jede neue Welle mit einem Atemzug und merken, wie sie immer größer und größer werden. Dann kommt plötzlich eine riesige Welle auf Sie zu.

3 Sie haben Angst, aber Ihnen bleibt nichts anderes übrig, als sich von der Welle mitziehen zu lassen. Sie ergeben sich der Welle. Langsam werden die Wellen schwächer und das Meer ist wieder ruhig. Am Anfang waren Sie verängstigt, jedoch sind Sie nun, da es vorbei ist, stolz auf sich.

WANN AM BESTEN

Machen Sie diese Visualisierung, wenn Sie aufgebracht sind und nicht wissen, was dieses Gefühl ausgelöst hat. Es zeigt Ihnen, dass es möglich ist, die innere Ruhe zu bewahren, wenn man die Welle an Emotionen reitet. Sich den Gefühlen zu ergeben ist womöglich der schnellste Ausweg aus dem Kreislauf an negativen Emotionen.

NOTIZ AN MICH SELBST

Ich ersetze verletzende Gefühle durch Mitgefühl

43 KRIEGSBEIL BEGRABEN

Jemandem etwas nachzutragen ist wie ein Gefangener der eigenen Gefühle zu sein. Durch die folgenden Methoden der Kognitiven Verhaltenstherapie kann das eigene Denken umstrukturiert und mit der Vergangenheit abgeschlossen werden. Laut dem „Forgiveness Project" der Stanford University fördert dies das Wohlbefinden. Dieses Projekt zeigte, dass Menschen, die vergeben können, ein besseres Immunsystem haben und positiver Denken.

1 Denken Sie daran, dass Vergebung nicht bedeutet, etwas zu rechtfertigen, sondern Erinnerungen langsam verblassen zu lassen.

2 Schildern Sie Ihre Gefühle. Fassen Sie sie in Worte, statt sie an anderen auszulassen.

3 Schaffen Sie einen Rahmen. Fragen Sie sich, wie es zu dem Schmerz kam. Einen rationalen Grund zu finden hilft, sich von der Wut zu befreien.

4 Fühlen Sie sich sicher. Fragen Sie sich, was Sie tun können, um das zu gewährleisten. Brauchen sie eine Entschuldigung oder Bestätigung dieser Person?

5 Seien Sie kein Opfer. Denken Sie nicht länger an die Vergangenheit und fangen Sie an zu leben.

WANN AM BESTEN

Machen Sie diese fünf Schritte mindestens 15-20 Minuten täglich. Sie werden merken, dass Sie mit der Zeit spontaner, ruhiger und optimistischer werden.

44 STOPP SAGEN

Wenn es Ihnen schwer fällt „nein" zu sagen, dann kann Ihnen die folgende Visualisierung, welche von der Kognitiven Verhaltenstherapie inspirierte wurde, dabei helfen durchsetzungsfähiger zu sein. Viele sagen nicht „nein", da sie denken, es könnte zu Konflikten führen oder Gefühle verletzen. Ein widerwilliges „ja" kann jedoch emotional belastender sein als Ehrlichkeit.

1 Stellen Sie sich eine viel befahrene Kreuzung in einer großen Stadt vor. Etwas stimmt nicht. Es gibt keine Straßenschilder, keine Ampeln, keine Stoppschilder und auch keine Zebrastreifen. Der Verkehr ist chaotisch, Fahrzeuge hupen und die Fahrer werden ungeduldig. Sie sehen sogar, wie Fahrzeuge zusammenstoßen, während sie sich vordrängeln wollen.

2 Sie blinzeln und plötzlich ist auf magische Weise die notwendige Straßenausstattung da. Die Fahrzeuge ordnen sich in zwei Spuren ein, Ampeln lassen den Verkehr fließen und das Hupen verstummt. Ihnen wird bewusst, dass diese Verkehrsregeln das Vorwärtskommen ermöglichen.

3 Setzen Sie sich kurz hin und atmen Sie ruhig, bis Sie sich dazu entschließen, „nein" zu sagen.

WANN AM BESTEN

Machen Sie diese Übung, um sich selbst daran zu erinnern, dass rotes Licht kein Hindernis sein muss.

WAS HILFT

Mit einem Lächeln „Nein, Ich kann das nicht" zu sagen ist oft einfacher, als nach Ausreden zu suchen.

FÜNF WEGE
zu glücklicheren Beziehungen

Vergessen Sie
alten Groll.

Hören Sie anderen
Menschen wirklich zu.

Machen Sie jede erste Begegnung
des Tages zu einer glücklichen.

Erinnern Sie sich an all das Gute,
das diese Person in Ihr Leben bringt.

Erwarten Sie von niemandem, Ihnen
alles zu geben, was Sie brauchen.

45 HERZ DES VULKANS

Liebe kann wunderschön sein, aber auch Leid verursachen. Die folgende Visualisierung hilft bei Gefühlen der Trauer oder Zurückweisung. Im Emotionalen Gehirntraining wird ein Bewusstsein dafür geschaffen, dass emotionaler Schmerz, genauso wie physischer Schmerz, Zeit, Pflege und Abstand braucht, um zu heilen. Nur wer tiefen und starken Gefühle freien Lauf lässt, kann Schmerz überwinden und Hoffnung finden.

1 Schließen Sie zunächst die Augen und achten Sie auf Ihre Atmung. Lassen Sie Ihre Gefühle wie das Magma eines aktiven Vulkans ausbrechen.

2 Halten Sie sich nicht zurück. Lassen Sie jedes Gefühl aus dem Vulkan strömen. Ihre Emotionen sind wie flüssige Lava. Sie sind glühend heiß und fließen in die unterschiedlichsten Richtungen.

3 Sie merken, dass Gefühle, wie Lava, allmählich erkalten, sobald sie fließen. Nach einiger Zeit sind sie so stark abgekühlt, dass sie nicht mehr gefährlich sind. Sie können barfuß über erstarrte Lava gehen, obwohl sie Sie früher einmal verbrannt hätte.

WANN AM BESTEN

Machen Sie diese Übung einen Monat lang jeden Abend oder solange, bis der Kummer nachgelassen hat. Zeit heilt die meisten seelischen Wunden, jedoch beschleunigt diese Visualisierung den Heilungsprozess.

46 DAS ETIKETT WECHSELN

Die folgende Übung hilft dabei, ruhig zu bleiben, wenn man mit anderen Personen (seien es Arbeitskollegen oder Familienmitglieder) nicht zurechtkommt. Die Methoden der Kognitiven Verhaltenstherapie helfen dabei, Menschen in einem anderen Licht zu sehen. Wir können unsere Mitmenschen nicht ändern, unsere Haltung ihnen gegenüber jedoch schon.

1 Denken Sie kurz darüber nach, mit welchen „Etiketten" Sie andere Personen versehen. Ist er oder sie gedankenlos, sarkastisch oder herablassend? Stellen Sie sich vor, dieses Wort ist auf einem großen Etikett geschrieben und an diese Person gehängt.

2 Nun fragen Sie sich, mit welchen Etiketten andere Personen Sie versehen könnten. Sind Sie zufrieden mit dem, was oben steht? Stellen Sie sich vor, sich selbst das Etikett anzuhängen, das Sie am liebsten hätten.

3 Denken Sie an dieses Etikett, wenn Sie mit anderen reden. So überdenken Sie Ihre Erwartungen an sich selbst und werden dazu ermutigt, sich auf andere Weise zu behaupten. Sollten Sie mit einer anderen Person nicht zurechtkommen, denken Sie daran, dass Sie andere nicht ändern können.

WANN AM BESTEN

Machen Sie diese Übung regelmäßig. Sie werden mit der Zeit nicht mehr zurückhaltend, sondern bestimmter kommunizieren. Die eigene Grundhaltung zu ändern kann auch andere langsam dazu ermutigen, ihre zu ändern.

47 UNTER DEN STERNEN

Fällt es Ihnen schwer, um Hilfe zu bitten? Laut Psychologen wirkt eine Schulter zum Anlehnen in schweren Zeiten beruhigend. Im Emotionalen Gehirntraining wird angenommen, dass externe und interne Verbindungen geknüpft werden müssen, um Ausgeglichenheit und Intimität zu schaffen. Die folgenden drei Visualisierungen sollen Sie daran erinnern, dass ein Gespräch mit guten Freunden den Kopf von Sorgen frei machen kann.

1 Betrachten Sie am Morgen, bevor Sie aufstehen, die dünnen, ineinander verwobenen Fäden Ihrer Bettdecke. Prägen Sie sich dieses Bild ein, um sich daran zu erinnern, dass Sie Teil eines dicht verwobenen Stoffes des Lebens sind.

2 Machen Sie am Nachmittag einen Spaziergang und achten Sie auf die Blätter an den Bäumen. Im Wind raschelnde, ruhige oder herunterfallende Blätter sollen Sie daran erinnern, dass jeder Teil eines großen Ganzen ist.

3 Schauen Sie in der Nacht hinauf in den Himmel und achten Sie darauf, wie die Sterne funkeln. Es soll Sie daran erinnern, dass Ihre Freunde da draußen sind und auf Sie warten.

WANN AM BESTEN

Diese Übung sollten Sie zwei Wochen lang täglich machen. Nehmen Sie sich für jeden der drei Teile ein paar Minuten.

WAS HILFT

Halten Sie zu jedem Menschen, mit dem Sie in Kontakt treten, Augenkontakt. Indem man der Person, mit der man spricht, seine ganze Aufmerksamkeit schenkt, wird einem bewusst, wie viel Hilfe man bekommt.

NOTIZ AN MICH SELBST

Kann ich diese Situation auch anders betrachten?

48 BLOSSE FANTASIE

Viele neigen dazu, sich negative Szenarien vorzustellen und diese können so tief in den Denkprozessen verwurzelt sein, dass man anfängt, sie für real zu halten. In der Kognitiven Verhaltenstherapie wird „Selbstbefragung" angewendet, um negative Gedanken zu bekämpfen, bevor daraus ein unnötiger Konflikt mit anderen entsteht.

1 Holen Sie einen Stift und ein Blatt Papier. Setzen Sie sich hin und atmen Sie ruhig ein und aus.

2 Fragen Sie sich mit einer freundlichen inneren Stimme folgendes:

Was bedrückt mich wirklich?

Ist diese Angst übertrieben?

Kann ich mir beweisen, dass das nicht der Fall ist?

Wird es mich auch in Zukunft noch beunruhigen?

Kann ich es auch anders betrachten?

3 Schreiben Sie Ihre Antworten auf ein Blatt Papier und bewahren Sie es in Ihrer Nähe aus. Wenn Sie wieder einmal besorgt sind, lesen Sie, was oben steht. Dadurch werden Ihre Ängste nachlassen.

WANN AM BESTEN

Wenn Sie oft von negativen Gedanken geplagt werden, sollten Sie diese Übung täglich machen. Sie werden bald merken, dass Ihre Sorgen oft nur das Produkt Ihrer eigenen Vorstellungskraft sind und Sie sich leicht von Ihnen befreien können.

49 SONNENUNTERGANG

Machen Sie die folgende Visualisierung, wenn Sie Ihren Partner oder ein anderes Familienmitglied für selbstverständlich betrachten. Familiäre Beziehungen geben ein Gefühl der Ruhe und der Sicherheit, jedoch müssen wir uns auch von Stressauslösern befreien, Positives wertschätzen und Unterschiede akzeptieren, um sie genießen zu können.

1 Legen Sie sich auf ein Sofa und konzentrieren Sie sich darauf, ruhig ein- und auszuatmen. Schließen Sie die Augen und stellen Sie sich vor, Sie bestaunen einen Sonnenuntergang. Während sich die Sonne am Horizont immer weiter senkt, vergessen Sie alle negativen Gefühle, die sich in Ihnen angestaut haben.

2 Nachdem die Sonne untergegangen ist, können Sie dank der Stille in Ihnen an all das Positive in Ihrer Beziehung denken, was sie gemeinsam erreicht haben und wofür Sie im Leben dankbar sein können.

3 Öffnen Sie nun die Augen. Schreiben Sie eine Sache auf, die Sie tun können, um Ihre Beziehung glücklicher zu machen, beispielsweise Ihrem Partner jeden Tag ein Kompliment machen oder eine negative Eigenschaft akzeptieren.

WANN AM BESTEN

Machen Sie diese Übung ein Mal pro Woche. Regelmäßig an das Gute in Ihrer Beziehung zu denken und Negatives zu vergessen, bringt Ruhe in Ihr Zuhause und Ihr Leben.

50   WUT ABBAUEN

Es ist normal, manchmal wütend zu sein. Sich selbst zur Ruhe zu mahnen hilft dabei nicht und dennoch braucht man einen Weg, sein eigenes Gleichgewicht wiederzufinden und sich zu beruhigen. Die Kognitive Verhaltenstherapie lehrt, dass der Körper benutzt werden kann, um die eigenen Gefühle zu kontrollieren und sie auf gesündere Weise rauszulassen.

1 Gehen Sie auf einen schnellen Spaziergang, joggen oder laufen Sie. Je schöner die Umgebung, desto besser.

2 Machen Sie körperliche Arbeit, wie zum Beispiel Gärtnern oder Holzhacken. Das Bad zu putzen oder staubzusaugen kann helfen, aufgestaute Emotionen abzubauen.

3 Tanzen Sie. Legen Sie schnelle Musik auf und bewegen Sie sich im Takt.

4 Seien Sie kreativ. Zeichnen oder Ausmalen reduziert Stress und lässt Wut verschwinden.

Umblättern: Versuchen Sie die Ausmalübung auf der nächsten Seite

WANN AM BESTEN

Machen Sie diese Übung, wenn Ihre Wut unverhältnismäßig groß zu sein scheint und zu Taten führen könnte, die Sie später vielleicht bereuen. Körperliche Arbeit ist ein guter Weg, sich wieder zu sammeln.

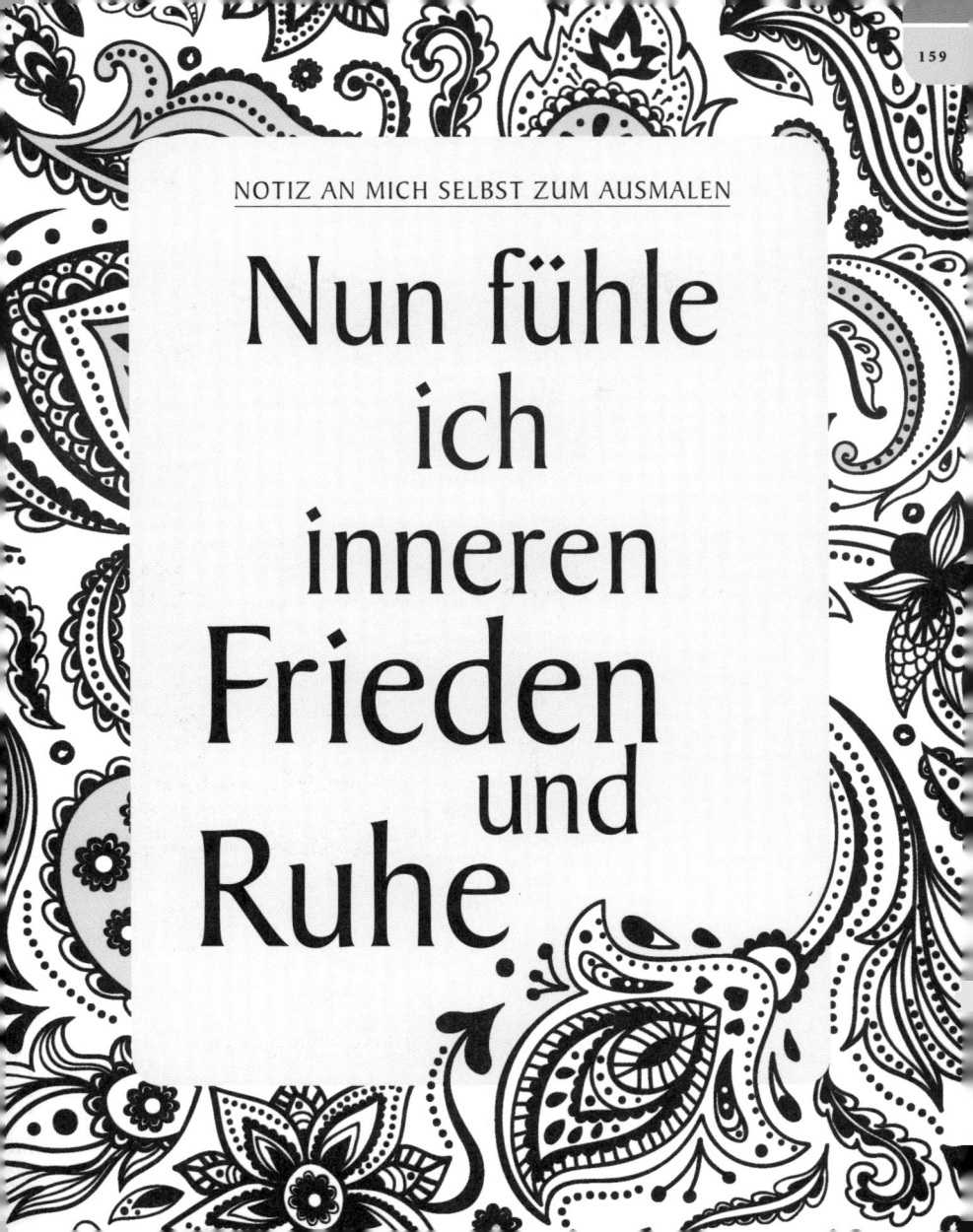

DANKSAGUNG

Bildnachweis 2–3 (und seitliche Gestaltung im gesamten Buch) Incomible/Shutterstock 6 elwynn/
Shutterstock 9 Eric Gevaert/Shutterstock 11 Patrick Foto/Shutterstock 12–13 Transia Design/
Shutterstock 15 SJ Travel Photo und Video/Shutterstock 16 wenani/Shutterstock 18 Andrekart
Photography/Shutterstock 20 Robynrg/Shutterstock 22 Jan Knop/Shutterstock 24 soulgems/
Shutterstock 26 Transia Design/Shutterstock 28 Yellowj/Shutterstock 30–31 Brian Kinney/Shutterstock
32 iravgustin/Shutterstock 34 Yuganov Konstantin/Shutterstock 37 Letterberry/Shutterstock 38–39
Kotkoa/Shutterstock 40–41 Julia Snegireva/Shutterstock 43 robert_s/Shutterstock 44 Artyom Baranov/
Shutterstock 47 Julia Snegireva/Shutterstock 48 S_Photo/Shutterstock 50 elina/Shutterstock 52
jesadaphorn/Shutterstock 54 redd_pandda /Shutterstock 56 Julia Snegireva/Shutterstock 58–59
Roman Mikhailiuk/Shutterstock 60 Paisan Changhirun/Shutterstock 62 pullia/Shutterstock 64 Julia
Snegireva/Shutterstock 66 Katrina Elena/Shutterstock 69 Eskemar/Shutterstock 70–71 Afishka/
Shutterstock 72–73 Transia Design/Shutterstock 75 Jes2u.photo/Shutterstock 76 leungchopan/
Shutterstock 78 photokup/Shutterstock 80 yuri4u80/Shutterstock 82 Transia Design/Shutterstock
84–85 KieferPix/Shutterstock 86 gn fotografie/Shutterstock 88 Annaev/Shutterstock 90 Transia Design/
Shutterstock 92 Chokniti Khongchum/Shutterstock 94 Potapov Alexander/Shutterstock 95 Transia
Design/Shutterstock 97 Snezh/Shutterstock 98–99 Transia Design/Shutterstock 101 Ronald Sumners/
Shutterstock 102 Labrador Photo Video/Shutterstock 104 WDG Photo/Shutterstock 106 Sari ONeal/
Shutterstock 108 Ilya Akinshin/Shutterstock 110 Annette Shaff/Shutterstock 112 Ryszard Filipowicz/
Shutterstock 114 EpicStockMedia/Shutterstock 115 Transia Design/Shutterstock 116 Plateresca/
Shutterstock 118 nature photos/Shutterstock 120 Kochneva Tetyana/Shutterstock 122–123 Dmytro
Balkhovitin/Shutterstock 124 Triff/Shutterstock 126 Mega Pixel/Shutterstock 128 Sergii Votit/
Shutterstock 130–131 facai/Shutterstock 132–133 Transia Design/Shutterstock 135 imging/Shutters-
tock 136 StevanZZ/Shutterstock 138 Transia Design/Shutterstock 140 Veniamin Kraskov/Shutterstock
142–143 Dmytro Balkhovitin/Shutterstock 144 Rainer Albiez/Shutterstock 146 B. und E. Dudzinscy/
Shutterstock 148 Albert Barr/Shutterstock 150 Transia Design/Shutterstock 152 Khoroshunova Olga/
Shutterstock 154 MC2000/Shutterstock 156–157 Julia Snegireva/Shutterstock
158–159 Transia Design/Shutterstock

Cover: Incomible/Shutterstock

Der Richtigkeit und Vollständigkeit der Informationen in diesem Buch wurde größte
Sorgfalt gewidmet. Sollte unabsichtlicherweise dennoch ein Urheber nicht angegeben
sein, werden wir dies nach Kenntnisnahme in der nächsten Ausgabe berichtigen.